青年期に福祉を学ぶ

福祉系高校の職業的及び教育的レリバンス

岡 多枝子　OKA Taeko

学文社

目　　次

序　章　福祉系高校を巡る論議 …………………………………… I
第1節　福祉社会と福祉教育 …………………………………… I
　第1項　求められる福祉専門職 ………………………………… I
　第2項　福祉系高校を巡る論議 ………………………………… I
　第3項　福祉系高校に期待された2つのタイプ ……………… 2
第2節　研究の意義と目的 ……………………………………… 5
　第1項　青年期に福祉を学ぶ意味 ……………………………… 5
　第2項　研究の目的 ……………………………………………… 5
　第3項　研究課題 ………………………………………………… 6
　　⑴　マクロレベル(福祉教育政策・福祉系高校の全国的状況) ……6
　　⑵　メゾレベル(福祉系高校・教員) ……6
　　⑶　ミクロレベル(福祉系高校生・卒業生) ……6
第3節　研究方法と論文の構成 ………………………………… 7
　第1項　研究の方法 ……………………………………………… 7
　　⑴　研究課題の明確化 ……7
　　⑵　調　　査 ……7
　　⑶　研究課題の解明 ……8
　第2項　論文の構成 ……………………………………………… 8
　第3項　用語の定義 ……………………………………………… II
　　⑴　福祉系高校 ……II
　　⑵　レリバンス ……II

第1章　福祉系高校のレリバンスに関する先行研究 …………… 13
第1節　福祉系高校生の学び ……………………………………… 13
　第1項　福祉観の形成 …………………………………………… 13
第2節　福祉系高校における教育課程 ………………………… 14

第1項　福祉系高校のカリキュラム特性……………………………14
　　第2項　福祉系高校生の発達特性……………………………………15
　第3節　職業的発達……………………………………………………………15
　　第1項　経験により獲得される身体性………………………………15
　　第2項　予備的な選択を経た職業選択………………………………16
　　第3項　自己と職業との分析…………………………………………17
　第4節　キャリア教育…………………………………………………………17
　　第1項　職業的発達理論………………………………………………17
　　第2項　職業概念からキャリア概念へ………………………………18
　　第3項　キャリア形成…………………………………………………19
　第5節　レリバンス概念の整理………………………………………………19
　　第1項　教育におけるレリバンス……………………………………19
　　第2項　福祉系高校の各レベルに求められるレリバンス…………21

第2章　高等学校福祉教育の変遷とマクロレベルのレリバンス…………23
　第1節　職業教育の変遷………………………………………………………23
　　第1項　職業指導の輸入………………………………………………23
　　第2項　進路指導の導入………………………………………………24
　　第3項　キャリア教育への転換………………………………………25
　第2節　後期中等教育における福祉教育……………………………………26
　　第1項　新制高等学校の発足…………………………………………26
　　第2項　高校福祉教育の源流…………………………………………27
　第3節　高等学校専門教科「福祉」創設……………………………………27
　　第1項　学習指導要領への位置づけ…………………………………27
　　第2項　福祉系高校生の国家資格取得………………………………28
　　第3項　卒業時の進路選択……………………………………………30
　　第4項　卒業後の継続就労……………………………………………30
　第4節　福祉教育政策…………………………………………………………31

第1項　福祉教育の政策的レリバンス……………………………………31
　　　第2項　福祉教育政策の課題………………………………………………32

第3章　教員の語りによるメゾレベルの質的レリバンス……………33
第1節　本章の目的……………………………………………………………33
　　　第1項　福祉系高校におけるメゾレベルのレリバンス…………………33
　　　第2項　調査の目的…………………………………………………………34
　　　第3項　調査の方法…………………………………………………………36
第2節　KJ法による研究……………………………………………………37
　　　第1項　KJ法………………………………………………………………37
第3節　教員の語りによる福祉系高校………………………………………38
　　　第1項　「福祉系高校教員」…………………………………………………38
　　　　(1) 各島の叙述……38
　　　　(2) 最終的な統合……42
　　　第2項　教員の語りに関する全体図解……………………………………43

第4章　高校の特性によるメゾレベルの量的レリバンス……………47
第1節　本章の目的……………………………………………………………47
第2節　生徒に対する質問紙調査……………………………………………47
　　　第1項　調査の概要…………………………………………………………47
　　　　(1) 調査の目的……47
　　　　(2) 調査の方法と内容……50
　　　　(3) 倫理的配慮及び検討方法……51
　　　第2項　回答状況……………………………………………………………51
　　　　(1) 調査票の回収率……51
第3節　福祉系高校の資格取得タイプとメゾレベルのレリバンス…………52
　　　第1項　調査の目的…………………………………………………………52
　　　第2項　高校の資格取得タイプと生徒の入学動機………………………52
　　　第3項　高校の資格取得タイプと生徒の実習経験………………………53

第4項　高校の資格取得タイプと生徒の進路選択 ································· 54
　　　　(1) 高校の資格取得タイプと生徒の進路選択(3年間) ······ 54
　　　　(2) 高校の資格取得タイプと進路選択の推移(入学時と卒業時) ······ 54
　　　第5項　高校の資格取得タイプと高校評価 ································· 56
　　第4節　高校の資格取得タイプと生徒の職業的発達 ································· 57
　　　第1項　高校の資格取得タイプと入学動機・実習経験 ································· 57
　　　第2項　高校の資格取得タイプと実習経験・進路選択プロセス ································· 57
　　　第3項　高校の資格取得タイプと入学動機・進路満足度 ································· 58
　　　第4項　高校の資格取得タイプと実習経験・進路満足度 ································· 58
　　　第5項　高校の資格取得タイプと実習経験・高校評価 ································· 60
　　　第6項　高校の資格取得タイプと進路選択・高校評価 ································· 62
　　第5節　考　　察 ································· 63
　　　第1項　福祉系高校の資格取得タイプとレリバンス ································· 63
　　　　(1) 高校の資格取得タイプと生徒の入学動機 ······ 63
　　　　(2) 高校の資格取得タイプと生徒の実習経験 ······ 64
　　　　(3) 高校の資格取得タイプと生徒の進路選択 ······ 64
　　　　(4) 高校の資格取得タイプと生徒の進路選択の推移(入学時と卒業時) ······ 65
　　　　(5) 高校の資格取得タイプと生徒の進路選択満足度 ······ 66
　　　　(6) 高校の資格取得タイプと生徒の高校評価 ······ 66

第5章　生徒の学びを巡るミクロレベルの量的レリバンス ································· 69
　第1節　本章の目的 ································· 69
　第2節　調査結果の概要 ································· 70
　　　第1項　福祉系高校への入学動機 ································· 70
　　　　(1) 項目別の入学動機 ······ 70
　　　　(2) 入学動機の組み合わせ ······ 70
　　　　(3) 入学動機における福祉志向性 ······ 71
　　　第2項　福祉現場での実習経験 ································· 72
　　　　(1) 実習経験の学年比 ······ 72
　　　　(2) 実習経験の因子分析 ······ 74
　　　第3項　福祉系高校生の進路選択 ································· 75

(1) 3年間の進路選択の推移……75
　　(2) 3年間の進路選択の「維持と変更」……77
　　(3) 入学時と卒業時の進路選択……78
　第4項 卒業時の進路への満足度………………………………………78
　第5項 福祉系高校への評価……………………………………………79

第3節 入学動機を巡って……………………………………………80
　第1項 入学動機と実習経験……………………………………………80
　第2項 入学動機と進路選択……………………………………………81
　　(1) 入学動機(福祉志向性)と進路選択タイプ(入学時と卒業時)……81
　　(2) 入学動機(福祉の進路)と卒業時の進路選択……83
　　(3) 入学動機(周囲の勧め)と卒業時の進路選択……84
　　(4) 入学動機(福祉の勉強)と卒業時の進路選択……84
　　(5) 入学動機(福祉の進路)と進路選択プロセス……85
　　(6) 入学動機(福祉の資格)と進路選択プロセス……86
　　(7) 入学動機(福祉志向性と「周囲の勧め」)……86
　　(8) 入学動機と進路選択タイプ(入学時と卒業時)……87
　　(9) 福祉志向性と進路選択タイプ(入学時と卒業時)……87
　第3項 入学動機と進路選択満足度……………………………………88
　第4項 入学動機と性差…………………………………………………89
　第5項 入学動機に関する考察…………………………………………89

第4節 実習経験を巡って……………………………………………90
　第1項 実習経験と進路選択……………………………………………90
　　(1) 実習経験(能動・反省)と進路選択タイプ(入学時と卒業時)……90
　　(2) 実習経験(各項目)と進路選択タイプ(入学時と卒業時)……91
　　(3) 実習経験の変化と進路選択タイプ(入学時と卒業時)……93
　　(4) 実習経験の変化と進路選択(卒業時)……94

第5節 進路選択を巡って……………………………………………96
　第1項 進路選択タイプ(入学時と卒業時)……………………………96
　第2項 進路選択(卒業時)………………………………………………98

第6節 福祉系高校の評価を巡って…………………………………100
　第1項 福祉系高校の評価と進路満足度………………………………100

第7節 性差を巡って……………………………………………100
　第1項 性差と実習経験………………………………………100
　　(1) 性差と実習経験(能動・反省)……100
　　(2) 性差と実習経験(各項目)……101
　　(3) 性差と進路選択(卒業時)……102
　第2項 性差と進路選択満足度………………………………102

第8節 考　　察………………………………………………103
　第1項 入学動機………………………………………………103
　第2項 実習経験………………………………………………105
　第3項 進路選択………………………………………………105
　第4項 入学動機と進路選択…………………………………106
　第5項 実習経験と進路選択…………………………………106
　第6項 福祉の学びと職業選択………………………………107
　第7項 福祉系高校の量的レリバンス………………………108
　　(1)「福祉から福祉」の量的研究の結果……109
　　(2)「一般から福祉」の量的研究の結果……109
　　(3)「福祉から一般」の量的研究の結果……110
　　(4)「一般から一般」の量的研究の結果……110
　　(5)「未定」の量的研究の結果……110

第6章　生徒の実習と進路を巡るミクロレベルの質的レリバンス………113
　第1節 本章の目的……………………………………………113
　第2節 KJ法による研究………………………………………114
　第3節 進路選択タイプ(入学時と卒業時)…………………115
　　第1項「福祉から福祉」……………………………………115
　　　(1) 各島の叙述……115
　　　(2) 最終的な統合……118
　　第2項「一般から福祉」……………………………………119
　　　(1) 各島の叙述……119
　　　(2) 最終的な統合……122

第3項「福祉から一般」……………………………………………… 125
　　　⑴ 各島の叙述 …… 125
　　　⑵ 最終的な統合 …… 127
　　第4項「一般から一般」……………………………………………… 129
　　　⑴ 各島の叙述 …… 129
　　　⑵ 最終的な統合 …… 132
　第4節　進路選択（卒業時）………………………………………………… 133
　　第1項「福祉就職」…………………………………………………… 133
　　　⑴ 各島の叙述 …… 133
　　　⑵ 最終的な統合 …… 136
　　第2項「福祉進学」…………………………………………………… 137
　　　⑴ 各島の叙述 …… 137
　　　⑵ 最終的な統合 …… 141
　　第3項「一般就職」…………………………………………………… 142
　　　⑴ 各島の叙述 …… 142
　　　⑵ 最終的な統合 …… 144
　　第4項「一般進学」…………………………………………………… 145
　　　⑴ 各島の叙述 …… 145
　　　⑵ 最終的な統合 …… 148
　　第5項「未定」………………………………………………………… 149
　　　⑴ 各島の叙述 …… 149
　　　⑵ 最終的な統合 …… 151
　第5節　実習と進路選択に関するKJ法によるまとめ ………………… 152
　　第1項　進路選択タイプ（入学時と卒業時）に関するまとめ ………… 152
　　第2項　進路選択（卒業時）に関するまとめ ………………………… 155
　　第3項　福祉系高校の質的レリバンス ………………………………… 157
　　　⑴「福祉から福祉」の質的研究の結果 …… 158
　　　⑵「一般から福祉」の質的研究の結果 …… 159
　　　⑶「福祉から一般」の質的研究の結果 …… 159
　　　⑷「一般から一般」の質的研究の結果 …… 160
　　　⑸「未定」の質的研究の結果 …… 160

終　章　福祉系高校の職業的及び教育的レリバンス …………………… 163
　第1節　各章の総括 …………………………………………………… 163
　第2節　ミクロレベルにおける量的研究と質的研究の整合性 ……… 167
　　第1項　ミクロレベルにおける量的・質的研究の突き合わせ …… 167
　　　(1)「福祉から福祉」の量的・質的研究の突き合わせ …… 167
　　　(2)「一般から福祉」の量的・質的研究の突き合わせ …… 168
　　　(3)「福祉から一般」の量的・質的研究の突き合わせ …… 168
　　　(4)「一般から一般」の量的・質的研究の突き合わせ …… 169
　　　(5)「未定」の量的・質的研究の突き合わせ …… 169
　第3節　研究の結論 …………………………………………………… 170
　第4節　福祉系高校への提言 ………………………………………… 171
　　第1項　福祉系高校の展望 ………………………………………… 171
　　第2項　福祉系高校への提言 ……………………………………… 172
　第5節　本研究の意義と限界 ………………………………………… 173
　第6節　今後の研究課題 ……………………………………………… 173
　　第1項　継続的な調査 ……………………………………………… 173
　　第2項　卒業生への調査 …………………………………………… 174

参考文献 …………………………………………………………………… 175
あとがき …………………………………………………………………… 179
資　料 ……………………………………………………………………… 181
索　引 ……………………………………………………………………… 187

序　章
福祉系高校を巡る論議

第1節　福祉社会と福祉教育

第1項　求められる福祉専門職

　本論文で研究対象として取り上げるのは，「日本の社会福祉学教育・研究」（日本学術会議 2003）に位置づけられる福祉系高校である。福祉社会の新たな枠組みの構築が求められる中で，その基軸となる質の高い福祉専門職の質的・量的担保は喫緊の研究課題となっている。「社会福祉士及び介護福祉士法」が制定された1987年以降も高齢社会は進行し，終末期におけるターミナルケアや認知症への対応，障害者の自立支援など，両国家資格に求められる専門性も多様化・高度化の傾向を強めてきた。こうしたなかで質の高い福祉専門職を養成する必要性から，2006年9月に厚生労働省は社会保障審議会福祉部会を設置した。審議の中心は「社会福祉士及び介護福祉士法」改正に向けた両国家資格のあり方に関するものである。社会福祉士に関する論点は，介護保険制度や障害者自立支援法施行に伴う相談支援ニーズの高まり，生活保護制度やホームレスの自立支援等のあり方であった。介護福祉士に関する論点は，介護保険制度や障害者自立支援法施行による介護の質的・量的確保の必要性と，それに対応する教育内容の抜本的見直しに関するものである。

第2項　福祉系高校を巡る論議

　審議過程では，福祉現場の労働環境や待遇の悪さが福祉専門職の離職と慢性

的不足に拍車をかけているとの指摘もなされた。さらに，介護福祉士養成コースのひとつである福祉系高校ルートに関する議論も交わされた。介護福祉士制度の見直しに当たって，専門資格としての介護福祉士養成に関しては，「対人専門職として，知識・技能のほかに人間性・倫理性も大切」であり，「人生経験」を積んでから介護の現場に出ていくために，「普通高等学校を卒業した後に2年以上の専門教育を受けて，国家試験を受験する仕組みとするべきではないか」との意見が出された。これに対して，「一定水準以上の教育内容」が担保されることを前提とすれば，介護福祉士は「多様であってもよいのではないか」としてボランティア等を通じて小さいときから福祉に対して素養を持って育ってきた者等が高等学校で福祉の道を志し，介護福祉士の資格を取るために努力する福祉系高校ルートを排除するべきではなく，むしろ多様な人材が確保されていることは利用者やその家族の視点からしても意義のあること」等の意見が交わされた(資料1)。

第3項 福祉系高校に期待された2つのタイプ

　議論の対象となった福祉系高校は，「社会福祉士及び介護福祉士法」成立と時を同じくして全国に設置された。

　それ以前の日本の学校教育における福祉教育の歴史は，1951年に神奈川県民生部社会課が慈善的色彩の濃い「福祉教育研究普及校」制度を実施したのが始まりとされている。

　その後，人間教育としての福祉教育が全国で行なわれるようになったが，それは一般教養的な意味合いをもつものが主流であった。その後，急速な高齢化による福祉専門職ニーズを背景として，1981年に文部省(当時，以下同様)が理科教育及び産業教育審議会に対して，「高等学校における今後の職業教育のあり方について」の諮問を行った。同審議会はこれを受けて，1985年に高齢社会の進展に対応する課程として，高校に，「福祉科」を設置する必要があるとの答申を行った。同年に文部省は，産業教育の改善に関する調査研究協力者を

資料1　社会保障審議会福祉部会　配布資料(2006.10.25)

介護福祉士制度の見直し関係

1　介護福祉士制度の見直しに当たっての基本的視点
- 専門資格としての介護福祉士の養成の在り方の側面と，介護の担い手の人材確保の側面とをどのように調和させていくか。

2　専門資格としての介護福祉士の養成の在り方
- 介護を取り巻く状況の変化の中で，これからの介護ニーズに対応するために求められる介護福祉士像を踏まえ，介護福祉士資格の取得方法の在り方について検討していくべきではないか。
- 介護福祉士の養成の在り方について考えるに当たっては，資格を取得するまでの教育内容だけではなく，いわゆる専門介護福祉士に係る取組など，資格取得後のさらなる知識・技能の取得という側面も含めて考えるべきではないか。
- <u>介護福祉士は，対人専門職として，知識・技能のほかに人間性・倫理性も大切であり，少しでも人生経験を積んでいただいてから介護の現場に出ていただくのが望ましい。他の保健医療福祉専門職と同様，普通高等学校を卒業した後に2年以上の専門教育を受けて，国家試験を受験する仕組みとするべきではないか。</u>
- <u>介護福祉士は，一定水準以上の教育内容を前提として，多様であってもよいのではないか。ボランティア等を通じて小さいときから福祉に対して素養を持って育ってきた者等が高等学校で福祉の道を志し，介護福祉士の資格を取るために努力していくというルートを排除すべきではないのではないか。</u>

3　介護の担い手としての介護福祉士の人材確保
- 介護福祉士の資格を取得している者のうち，実際に就業している者が少ない現状について，どのように分析するのか。専門資格としての養成の在り方について検討する一方で，社会の中できちんと認知されるようにするにはどうしたらよいのかを考えるべきではないか。

4　その他
- 介護福祉士の定義等についても，制度施行後18年間の状況の変化を踏まえつつ，例えば身体介護だけでなく心理的・社会的支援の側面にも配慮すべきではないかといった観点から，点検を行っていく必要があるのではないか。

注）下線：筆者

委嘱して調査研究を行い，1987年に同福祉科部会は高校福祉科設置による福祉教育の意義に関する提言を行った(1987文部省初等中等教育局職業教育課)。提言では，生徒の進路を以下の様に示している。

「生徒の進路(1)想定される進路　社会福祉事業従事者の資格や就業に関しては，今後の整備が待たれる問題も少なくない。したがって，高等学校福祉科卒業者の職業資格等については，これらの今後の動向との関連でさらに検討が必要である。当面は，福祉科卒業者の進路を以下のように考えることができる。<u>ア．専門的な職業人の養成を目指すタイプ　保母，児童福祉施設の児童指導員，母子寮の母子指導員，教護院の教護・教母等，公的社会福祉施設で福祉サービス業務に従事するほか，民間老人ホーム，在宅介護サービス業等，福祉サービスを提供する民間企業に進むことも考えられる。イ．社会福祉関係の高等教育機関への進学をめざすタイプ　社会福祉に関する基礎的な教育を受けて卒業した後，大学，短大の社会福祉，保育，看護等の学科に進学し，社会福祉及び看護関係の資格を取得し，その分野の専門職となる</u>」(下線：筆者)

このように，創設時に国が期待した「2つのタイプ」，即ち，「ア．専門的な職業人の養成を目指すタイプ」としての福祉分野への就職(本書では以後，福祉就職とする)と，「イ．社会福祉関係の高等教育機関への進学をめざすタイプ」としての福祉系大学などへの進学(本書では以後，福祉進学とする)が期待された成果を修めることができたのか，その検証を行うことは，福祉系高校の創設を巡る経緯に照らして重要な研究的意義がある。

上記の答申が示された1987年は，「社会福祉士及び介護福祉士法」の制定によって，福祉系高校が介護福祉士養成ルートのひとつに位置づけられた年である。同法を契機として福祉の資格取得を軸とした福祉系高校が全国に設置され，中等教育における職業教育としての高等学校福祉教育が開始された[3]。このよう

な変遷を経て，福祉系高校では，「介護福祉士」国家試験や「訪問介護員(ホームヘルパー)」養成研修カリキュラムを担保する教育課程による専門的福祉教育が実施されるに至った。

第2節 研究の意義と目的

第1項 青年期に福祉を学ぶ意味

　先行研究によると，福祉系高校で学ぶ生徒(本書では以下，福祉系高校生とする)が，現場実習を経験することによって，高齢者イメージが肯定的に変化する(萩原・名川 2008)。また，高校時代の福祉教育が卒業後の職業やライフコースに影響を及ぼしている(田村・保正編著 2008)。このように，福祉系高校に関する研究では一定の教育成果が示されている。従来，日本の学校教育において福祉系高校などの職業教育を行う高校教育は，学力において進学校より低位の教育として位置づけられてきた。本田(2006)は，国際平均に比較して日本の教育システムの特徴のひとつは，カリキュラムが生徒にとって，「職業生活や社会生活に意義を持つ，いいかえればレリバンス(relevance)のあるものと感じられている度合いが極度に低い」としている。

　しかし，これまで福祉教育の当事者である高校生や福祉教育の実践者である教員を対象とした研究，特に生徒の入学動機や学習内容(現場実習を含む)と進路選択との連関は十分に研究されていない。また，青年期の就労問題が問い直される今日，後期中等教育段階における福祉教育が果たす意義を検討することは，福祉専門職養成だけでなく青年期に福祉を学ぶ意味を幅広く検討する上でも，重要な研究命題である。

第2項 研究の目的

　以上の研究背景及び先行研究を踏まえて，本研究の目的は，以下のとおりとする。

「福祉系高校を研究対象として，マクロレベルにおける国の福祉教育政策と成果，メゾレベルにおける福祉系高校の設置目的と成果，ミクロレベルにおける福祉系高校生の入学動機と学習内容及び進路選択に関する各レリバンスを明らかにする」

マクロ・メゾ・ミクロ各レベルにおける福祉系高校のレリバンスを明らかにするために，具体的に以下の研究課題を設定する。

第3項 研究課題

(1) マクロレベル(福祉教育政策・福祉系高校の全国的状況)
① 福祉系高校創設時に国が示した「2つのタイプ(福祉就職・福祉進学)」の検討を行う。
② 福祉系高校における「生徒の資格取得」に関する検討を行う。
③ 福祉系高校における「卒業生の継続就労」に関する検討を行う。

(2) メゾレベル(福祉系高校・教員)
① 高校の資格取得タイプによる生徒の進路選択に関する検討を行う。
② 福祉系高校教員の教育実践に関する検討を行う。
③ 福祉現場での実習指導に関する検討を行う。

(3) ミクロレベル(福祉系高校生・卒業生)
① 入学動機・実習経験・進路選択の相互関係の検討を行う。
② 入学時と卒業時の進路選択の推移における発達プロセスの検討を行う。
③ 卒業時の最終的な進路決定としての5つのタイプに関する検討を行う。

第3節 研究方法と論文の構成

第1項 研究の方法

(1) 研究課題の明確化

　研究課題の明確化のために，職業教育の変遷と福祉教育の源流に関する文献調査及び先行研究の概観を行う（序章・1章）。次に，福祉系高校生の進路選択プロセスと卒業時の進路選択結果を検討するために，福祉系高校に関する国の資料の検討を行い，以下の課題に関して考察する。1点目は，福祉系高校が創設された当初に国が示した2つのタイプ（福祉就職・福祉進学）を，それぞれ職業への接続及び高等教育機関への接続と位置づけて検討する。2点目は，福祉系高校生の介護福祉士国家試験に対する合格率を取り上げて，資格取得を達成するための諸要件を検討する。3点目は，福祉系高校卒業生の福祉分野への就労状況に焦点を当てて，就労後の離職率から考察した職業アイデンティティの形成に関する検討を行う（2章）。

(2) 調　　査

① 2つの調査

　以上の課題を考察するために，本研究では2つの調査（A・B）を行い，研究課題に照らして福祉教育現場の状況に鑑みた検討を行う。

　調査Aは，福祉系高校生を対象とした質問紙による全国調査である。調査結果をもとに，生徒の入学動機と実習経験，進路選択プロセスに着目した量的分析を行い，あわせて進路選択プロセスのタイプ別に，実習経験が進路選択に及ぼす影響に関する自由記述を対象とした質的研究を行う。

　調査Bは，福祉系高校教員を対象とした面接調査である。調査結果をもとに，生徒の入学動機及び現場実習や進路選択に着目した質的研究を行い，教員としてのメゾレベルのレリバンスと，高校福祉教育の再考すべき課題を明らかにする。

② 量的研究

　量的分析の方法は，SPSS ver. 21.0及びExcelを用いて度数分布や因子分析，クロス集計におけるカイ2乗検定等を行い各「レリバンス」との有意な関連のある項目を検討する(3章・5章)。

③ 質的研究

　質的研究の方法は，2つの調査(A・B)ともに，KJ法(川喜田 1967, 1970, 1986)を用いる。KJ法は，文化人類学者の川喜田二郎理学博士の創案による創造的問題解決のための研究方法である。調査Aの自由記述及び調査Bの逐語録を吟味してラベルに転記し，「多段ピックアップ」によって厳選したラベルで，狭義のKJ法を行う。その結果をA4各1枚の全体図解として作成する(3章・6章)。

(3) 研究課題の解明

　4章と6章の全体図解(合計10枚)を俯瞰して，レリバンス概念との関連において各図解の最終的なグループ編成による島の表札を統合的視点で吟味する。さらに，量的研究と質的研究の知見を総合的に検討することにより，マクロ，メゾ，ミクロ，各レベルにおける福祉系高校のレリバンスの構造を解明する。最後に研究の結論と課題を提示し，福祉系高校における生徒の職業観の形成に対する支援及び福祉教育のあり方について提言を行う(終章)。

第2項　論文の構成

　本論文は，8章で構成する。

　序章では，研究の背景となる問題の所在及び研究課題の検討を行い，福祉系高校のレリバンスに関する研究枠組み，研究方法と論文構成を提示する。

　第1章では，先行研究の概観と整理を行う。特に福祉系高校生の学びと発達

特性に関して福祉観の形成と持続，職業的発達との関連に関する福祉系高校の特性を検討する。また，経験により獲得される福祉への親和性と，職業希望及び職業選択，福祉系高校におけるレリバンス概念の整理を行う。

　第2章では，福祉系高校におけるマクロレベルのレリバンスを検討する。福祉系高校を含む職業高校（専門高校）で実施されてきた職業教育の変遷と，福祉系高校の創設経緯を辿り，マクロレベルにおける福祉系高校の位置とレリバンスを検討する。福祉系高校に関する国の示した2つのタイプを取り上げて，マクロレベルにおける福祉系高校のレリバンスに関する資料の検討を行う。その視点としては，①介護福祉士国家試験合格率の推移，②福祉分野への進路選択の状況，③福祉分野における離職率，以上の3点を巡って福祉系高校生の学びと進路を考察し，福祉教育の政策的レリバンスを論じる。

　第3章では，福祉系高校教員に対する面接調査に基づく質的研究を行う。研究の視点としては，①福祉系高校生の福祉への親和性や志向性の醸成と福祉的環境，②中学生や家族，中学校教員等の福祉系高校に対する理解，③福祉系高校における福祉教育，④リスク管理への対応，⑤高校における福祉教育に関する成果と課題，以上の5点を中心とした福祉系高校教員の取り組みや想いに着目して，KJ法による質的研究を行う。

　第4章では，福祉系高校生を対象とした質問紙による全国調査の結果をもとに，介護福祉士国家試験受験資格の取得を目指す福祉系高校（以後，本書では「資格校」とする）とそれ以外の福祉系高校（以後，本書では「教養校」とする）に分けて，メゾレベルとしての福祉系高校のレリバンスを検討する。研究の視点としては，介護福祉士国家試験受験資格の取得との関連において，生徒の入学動機や実習経験，進路選択の推移と進路に関する満足度及び高校評価等を分析することにより，資格校と教養校のレリバンスの特性を明らかにする。

第5章では，第3章の調査に基づいて，ミクロレベルとしての生徒の入学動機・実習経験・進路選択のレリバンスに関する量的研究を行う。研究の視点としては，生徒の福祉系高校への入学動機，福祉現場における実習経験，3年間の進路選択の推移と卒業時の進路選択，進路選択に対する満足度，福祉系高校での学びに対する評価に着目する。これらの結果及び相互の関連の有意性に関する量的研究を行う。

　第6章では，第3章の調査における自由記述部分から，生徒の実習経験と進路選択の関係に着目した質的研究を行う。研究の視点としては，入学時と卒業時の進路選択の推移に着目して，入学時に福祉系分野への進路選択（福祉就職及び福祉進学，以下同様）を希望して卒業時も福祉系分野を選択（または希望，以下同様）する者（以後，本書では「福祉から福祉」，または「福祉/福祉」とする），入学時に福祉系分野以外を希望して卒業時は福祉系分野を選択する者（以後，本書では「一般から福祉」，または「一般/福祉」とする），入学時に福祉系分野を希望して卒業時は福祉系分野以外を選択する者（以後，本書では「福祉から一般」，または「福祉/一般」とする），入学時に福祉系分野以外を希望して卒業時も福祉系分野以外を選択する者（以後，本書では「一般から一般」，または「一般/一般」とする）の4タイプに区分して，KJ法による質的研究を行う。さらに，卒業時の進路選択をそれぞれ，「福祉就職」「福祉進学」，福祉系分野以外への就職（以後，「一般就職」とする），福祉系大学等以外への進学（以後，「一般進学」とする），未定及びその他（以後，「未定」，または「未定など」とする）の5タイプに区分して，KJ法による質的研究を行う。

　終章では，1章から6章の研究内容を踏まえて，福祉系高校におけるレリバンスを総合的に考察するとともに，後期中等教育における福祉教育に対する提言と，残された研究課題を述べる。

第3項　用語の定義
(1) 福祉系高校

本書で研究対象とするのは,「福祉の資格を伴う専門としての福祉教育」を行う高校と,「幅広い教養としての福祉教育」を行う高校である。従って,高等学校福祉科を中心とした介護福祉士養成高校から,総合学科や普通科を中心とした福祉コースまでを包含した用語として,福祉に関する学科・コースの総称を福祉系高校とする。また職業高校や専門高校の総称を専門高校と呼ぶ。

(2) レリバンス

本書では,福祉系高校における福祉教育がどのような意義と内実を持ち,実施上の困難や課題を抱えているのかを検討するために,「レリバンス」概念(本田 2000)を援用する。「レリバンス」とは「目的と内容の適切性・適合性」などと訳され,主に職業や教育分野においてその目的と内容の適合性に関する研究で用いられてきた。本書では,生徒及び教員への調査を通して,福祉系高校のレリバンスを明らかにする。

注)
1) 福祉社会はこれまで福祉国家との関係で論じられてきた。福祉国家は第二次世界大戦中に,軍事国家としてのナチス・ドイツに対して,「ゆりかごから墓場まで」の社会保障制度を再建する国家としてイギリスにおいて謳われた。大戦後のヨーロッパは高度経済成長の中で1950年代,1960年代に「福祉国家の黄金時代」を迎えるが,1973年の第一次石油ショックを契機に低成長に転じ,1970年代末,1980年代には「福祉国家の危機」と呼ばれる時代に突入する。日本においては1970年に高齢化率が7％となり,1973年は「福祉元年」とも呼ばれる年金・医療制度等の改革が行われるが,同年の石油ショックにより経済危機を経験することになる。1990年にエスピン・アンデルセンが福祉国家レジームを提唱して福祉国家を類型化したことから,福祉国家の構造は政府部門だけでなく,労働市場や家族・地域などを総合的にとらえる必要性が認識されるようになり,福祉社会の概念に近接していく。日本における福祉社会の定義は,1980年代の「臨調行革」における社会保障費抑制のための日本型福祉社会論を経て,1980年代後半からボラ

ンティア活動の活性化やNPOの萌芽がみられるようになり，市民や民間非営利団体を中心として福祉社会への関心が高まっている。このような福祉国家から福祉社会への流れの底流には，財政的理由だけではない内在的な理由があるとされる（武川 2003）。そのひとつは国家・行政による権力主義的な福祉のあり方への抵抗であり，ひとつは画一的で柔軟性を欠くサービスへの批判であり，福祉国家と福祉社会の協働という新しい関係には，連帯と承認，グローバル化とローカル化の2点が重要であるとされる。前者は，所得再配分に対するコミュニティメンバー間の連帯と，差別や格差への規制という形で異質な相手を承認しあう価値であり，後者は，国際社会におけるグローバルな社会政策と，国内における地域福祉課題への取り組みである。

2) 福祉現場の労働環境に起因する就労問題や慢性的人材不足，介護の「再家族化」が福祉サービス利用者の深刻なQOL低下を招いている。このように福祉現場の人材不足が危機的状況にあるなかで，福祉系大学等における学生の「福祉職離れ」も加速し，卒業時に福祉現場への就職を回避して一般企業を志望する学生が増加している（日本社会福祉教育学校連盟 2009）。

3) 1986年に静岡県の三島高校が福祉コースを，翌年に鹿児島城西高校が福祉科を設置した。その翌年には函館大妻高校も福祉科を設置し，以後，急速に全国に広まっていった。

第1章
福祉系高校のレリバンスに関する先行研究

第1節 福祉系高校生の学び

第1項 福祉観の形成

　福祉系高校生の学びと成果に関する先行研究では，萩原・名川ら（2008：98-110）が，社会福祉現場実習によって高齢者イメージが肯定的に変化すると報告している。

　田村・保正・ほか（2008）は，福祉系高校卒業生へのコーホート調査から，高校福祉教育が卒業後の職業やライフコースに影響を及ぼすとする。特に，福祉系高校卒業生は，「ケアワーカー」「ケアマネージャー」「相談員・指導員」等の職種で働く者が多く，相当数が結婚・出産を経験しながら常勤での就労を継続している（平野 2008：71-101）。序章で述べた社会保障審議会（2006）では，福祉系高校卒業生の社会経験の不足を懸念する意見も出されたが，保住（2002：209-17）は，福祉系高校を卒業した介護福祉士の専門職意識を養成施設卒業者等と比較して，有意差は認められないとしている。これらの先行研究からは，福祉系高校生における実習経験の肯定的側面や卒業後の福祉現場での継続的な就労状況をうかがうことができる。

　しかしこれまで，福祉系高校をレリバンスの視点から検討した調査・研究は，筆者のリサーチの限りにおいては十分に行われて来なかった。特に，マクロ，メゾ，ミクロの各レベルにおけるレリバンスに関して，福祉教育政策や実習を伴う福祉教育，高校生がどのような目的意識を持って福祉を学び進路を選択す

るのかに着目して検討することには研究的意義がある。

第2節 福祉系高校における教育課程

第1項 福祉系高校のカリキュラム特性

　創設当初の福祉系高校における教育内容は，「介護福祉分野という，限られた狭い領域ではなく，ソーシャルワークとケアワークを相互に関連させながら福祉を広く総合的に学ぶ課程として位置づけられ」ていた（大橋 2002：10-36）。福祉系高校の教育内容（カリキュラムなど）に関して，大橋は，高等学校専門教科「福祉」創設に関わった経緯から以下のように述べている。高校福祉科では，「直接的に福祉マンパワーを養成する場合でも，介護福祉士の受験資格を得られるようにはしてあるが，より学習の範囲，学習内容を広く考えてある。たとえばソーシャルワークとしての社会福祉援助技術を学ぶようにしてあり，進路選択を狭めないように考えた。（中略）専門的職業人の養成を目指すにしても，後の可能性も考え，ソーシャルワークの視点，技術，ケアワークの視点，技術の両方が学べるように考えられていた。このことは，大学や短大，専門学校でソーシャルワーク教育（社会福祉士教育）とケアワーク教育（介護福祉士教育）とが事実上分離し，その相互関連性が十分でない状況の中では，たとえ高校福祉科の学ぶ水準・範囲が狭く，浅い面があったとしても大きな特色であるといわざるを得ない」（大橋 2005：175-84）。

　以上の観点を，福祉系高校における教科「福祉」のカリキュラムとの関係でみると，福祉系高校生の行う社会福祉実習は，ソーシャルワーク系の科目「社会福祉援助技術」とケアワーク系の科目「基礎介護」を統合的に現場で体得する場として位置づけられていた。このことから介護技術の提供のみではなく，ソーシャルワークとしての人権擁護や社会正義を基本とした社会福祉援助技術の基礎基本を学ぶことができるように定められた。このことが，福祉分野への就職者のみならず，福祉系大学等への進学者や福祉以外の分野へ進む者にとっ

ても，福祉の理念や職業倫理など，将来にわたる生活において広く有用であることの裏付けとされた(矢幡 2000：13-20)。そこで，福祉系高校においてソーシャルワークとケアワークを総合的に学んでいる高校生が実習を経て，どのような進路を選択するのかを調査することによって，若い時期のこうした総合的な福祉教育の実証的評価が期待できる。

第2項 福祉系高校生の発達特性

　大橋(2005：175-84)は，福祉系高校生など専門高校に在籍する生徒と，普通科高校生との発達の異同を比較検討する必要性を指摘している。そのなかで高校福祉科教員養成における教育課題に関して，「高校福祉科の教育課程の内容・方法が十分深められ，かつ社会福祉系大学等での高校福祉科教職課程の標準やその教育方法が確立しているわけではない」と述べた上で，「『職業高校』に在籍する高校生の発達のプロセスはいわゆる『普通高校』と同じなのかどうかを理解するとともに，また今日の子ども・青年の発達の状況も踏まえた学習者理解が教員にとって必要である」と指摘している。さらに大橋は，学習者には演繹派と帰納派があるとして，「『職業高校』が求める学習者のタイプは，どちらかと言えば『帰納派タイプの学習者』であり，自らの関心に基づき，自らの体験と納得を踏まえて，成長していくタイプ」ではないかとしている。

第3節 職業的発達

第1項 経験により獲得される身体性

　福祉の学びと経験との関係に着目した先行研究では，中根(2006：170-91)が，大学生を対象とした教育実践を踏まえて，福祉教育でも〈身分け〉と〈身知り〉の経験可能性をビルトインする重要性を論じている。また，ブルデュー(Bourdieu P. 2007)は，進路選択に関して，実戦感覚は，「物の見分け方」の「後天的に獲得されたシステム」であり，「規律を喚起してうまく機能するのは，それに

気づくだけの態勢があらかじめできており，意識や計算を迂回しなくても，深く埋め込まれた身体的性向を呼び覚ますことができる人にとってのみ」であるとする(加藤 2002)。中根やブルデューのいう身体性が，実践的体験を経て獲得していくものだとすると，福祉系高校生の職業的発達(Vocational Development)は，諸々の福祉体験を経て形成される職業観であるといえる。宮島(1994)はブルデュー理論に関して，「ものの見方や感じ方の習得過程」があり，職業生活等で人びとが有利に用いる資源には，情報や人間関係もあるとして，さまざまな場と文化による選別をあげている。

第2項 予備的な選択を経た職業選択

一方，西田(1981：7-9)によると，職業的発達の概念は，職業選択(Vocational Choice)との関係から導き出される。職業選択は，「個人の主体的行為」「職業に対する意志決定」であり，「動きのとれない1回限りの決定としてではなく，数多くの予備的な選択の結果」として行われる。この予備的な選択は，「個人が選択した職業の分野に最終的に入る」ことに先立って，「試案的な選択が繰り返し行われる」ことであり，それに伴って個人の職業的関心とその職業に対する適切さは変化する。しかも，それは単に変化するのではなく，深化するとされる。これは「自己理解の深化」であり，「現在の生徒の職業選択(それは初期の段階においては，職業希望(Vocational Aspiration)という形で表現される)や，職業に関する興味のみならず，その持続や変更について，教師やカウンセラーが知っておくことは，効果的な進路相談を進める上において欠くことが出来ない」という。西田は高等学校における教育の過程を，「中学校においてなされた職業選択を分析する過程」であると位置づけている。職業的発達とは，職業的行動を包摂する学習と成長の過程であり，特定の職業行動や能力の形成とその進歩的増加や変容を意味し，ひいては職業的アイデンティティを形成していく過程でもある。

第3項 自己と職業との分析

また，職業指導を自己分析・職業分析・職業試行の3者から構成されるとする立場(福山 1953：93)や，自己効力から進路選択に関する検討を行うことの有用性を示唆する立場(Betz & Hackett, 1986)がある。一方，Taylor & Betz (1983：63-81)は自己効力理論を進路選択行動に適用し，Career Decision-Making Self-Efficacy Scale(略称 CDMSE)の尺度を用いることによって，進路選択能力を測定し，職業不決断との有意な関連を報告した。このような職業に関する研究動向は近年，広く人生や生き方と結びついた包括的な意味合いとしてのキャリア概念へと発展的に転換している(図1-1，1-2)。

第4節 キャリア教育

第1項 職業的発達理論

キャリアという概念が早くから定着していた米国では，Super(1957)が「職

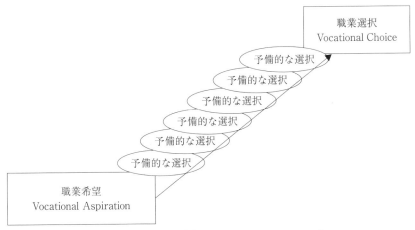

図1-1　職業的発達(Vocational Development)

出所) 西田泰和「職業選択能力研究　中学校．高等学校生徒の学年進行に伴う職業選択の変更『転移』と維持(深化)に関する縦断的研究」『芦屋大学論叢・別冊』1981年をもとに筆者作成

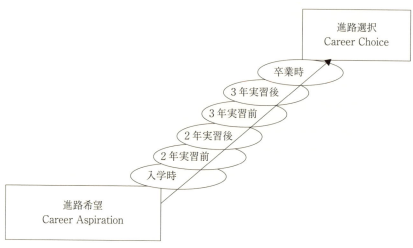

図1-2 福祉系高校生の進路に関する発達(Career Development)
出所) 図1-1に同じ

業的成熟」(Vocational Maturity)という定義で職業的発達理論を提唱した。1970年に米連邦教育局のMarland長官は,「初等・中等・高等・成人教育の諸段階で,それぞれの発達段階に応じ,キャリアを選択し,その後の生活の中で進歩するように準備する組織的,総合的教育」を「キャリア教育」(Career Education)と定義した。また,初等中等教育法Section406(1974年キャリア教育法)では,キャリア教育を学校と社会との関係性を強めることやカウンセリング,ガイダンス,キャリア発達の機会をすべての生徒に提供すること,教育課程を雇用や社会に拡大すること等とした。その後,全米でキャリア教育が急速に拡大するとともに,その定義も次々と発表された。Crites(1973)は,「キャリア成熟」(Career Maturity)の変数を,選択の態度,選択の知恵,選択の能力,選択の一貫性などとして示した。

第2項 職業概念からキャリア概念へ

Schein(1978)は,職業選択の概念を「自覚された才能と動機と価値の型」と

して①自律，②創造性，③技術的・職業的能力，④雇用保障と安定性，⑤管理者の地位の5つに類型化している。また，Fitzgerald (2006) は，キャリアラダー (Career Ladders) すなわち「上昇移動が可能なキャリアのハシゴ」(筒井 2008) が可能な分野としてホームヘルパー等から准看護師への移動や上昇の戦略と実践例を紹介している。これらの先行研究及び政策提言からキャリア形成に関して総合的に考察すると，前述の福山が提示した「自己分析・職業分析・職業適性」がその構成要素として改めて意味をもつ。そして，「職業」概念から「キャリア」概念への変化はより包括的な意味合いを含む定義への変更ともいえる。福山の提示は第一に「自己分析」すなわち職業に対する興味・関心や自己の適性を客観的に認識することがキャリア形成における大前提であり，仕事とのミスマッチを防ぐ上でも重要な意味をもつ。

第3項 キャリア形成

　キャリア分析とは，単なる「仕事」「職業」への理解ではなく，広く人生や生き方と結びついた概念であるとの了解が国内外で広がりつつある。また，キャリアを形作っていく上で不可欠なものが，現実の社会における職業体験や現場実習であり，そこでの多様な学びを通して，豊かな社会観・人間観・職業観が養われる。

　本書では以上の観点を踏まえて，キャリア形成を「自己の適性や職業への関心を認識し，人生における職業や労働の意味と意義を現実社会において実践・発展させる過程」と定義する。次節において，福祉系高校生のキャリア形成の過程と福祉分野におけるキャリアの実現を検討する。

第5節 レリバンス概念の整理

第1項 教育におけるレリバンス

　レリバンス概念を初期に取り上げた米国の教育学者ブルーナー (Bruner, J. S.

1971)は,教育のレリバンスを「社会的レリバンス」と「個人的レリバンス」とに大別している。彼によると「社会的レリバンス」とは「世界が直面している悲痛(グリーバス)な諸問題,それの解決の如何が人類としてのわれわれの存亡にかかわるような諸問題」に関連をもつものであり,「個人的レリバンス」は「内容の習得そのことのなかに人間的喜びの糸が貫くような」自己報酬的な系統を備えたものとされる。

　日本における研究では,社会人大学院や専門高校におけるレリバンスに関する実証的な研究が報告されている。代表的なものとして,本田(2000:45)は,教育のレリバンスを「即自的レリバンス,市民的レリバンス,職業的レリバンス」に分けたうえで,即自的レリバンスは授業が「面白い」などの学習者個人のレリバンスであり,市民的レリバンスは汎用性のある教養的なレリバンス,職業的レリバンスは,社会や企業の求めるレリバンスであると定義している。また本田(2000:45)は職業のレリバンスに関する実証的な研究を通して,学校が職業に関連した知識やスキルを伝達し労働者としての質を向上させるとしている。特に専門高校の中で「特色ある学科・コース」がいかなる成果をあげているのかを普通科高校と商業科,工業科,農業科・水産科,総合学科との比較によって実証的に検討し,「『特色』ある教育内容が必ずしも望ましい方向の効果をあげえていない」と述べている。本田(2004)は,高校教育には「職業的レリバンス」と「人間形成的レリバンス」が見出されるとした上で,「職業的レリバンス」の向上が課題であると提起している。

　本書では,このようなレリバンス概念を援用し,福祉系高校における複数の仮説を検討するものである。福祉系高校における「社会的レリバンス」とは,マクロシステムとしての福祉政策(厚生労働省)・教育政策(文部科学省)と,メゾシステムとしての運営機関(福祉系高校)に分化され,「個人的レリバンス」はミクロシステムとしての高校生にとってのレリバンスと解釈する。

第2項 福祉系高校の各レベルに求められるレリバンス

　福祉系高校のレリバンスをマクロ，メゾ，ミクロの各レベルから考察すると，マクロレベルからの福祉専門職養成は，国や地方自治体などを範域とした単位での社会福祉制度の枠組みであり，同枠組みのなかで設定される養成条件の整備などにかかわる一定の指針として理解することができる。従って，マクロレベルに該当する福祉専門職養成制度においては，国民や地方自治体住民全体を対象とした福祉ニーズを把握し，集約化したなかで目標が掲げられ同目標達成にむけての具体的内容が設定されるものである。

第2章
高等学校福祉教育の変遷とマクロレベルのレリバンス

第1節 職業教育の変遷

第1項 職業指導の輸入

　日本の学校教育に今日のキャリア教育につながる教育政策が導入されたのは，20世紀初頭である。アメリカで巻き起こった職業指導運動（Vocational Guidance Movement）が日本に紹介されて以来，40年以上にわたって，「職業指導」という用語が使用されていった。Vocational Guidance はアメリカにおいて，急激な工業化と都市化のなかで，人的資源の有効活用と青少年の労働保護を目的とする活動として活発に行われていた。従ってこの流れを受け継ぐ日本の職業指導の概念は当初，青少年に対する就職斡旋や選職指導等の社会政策的な職業指導であった。1926年に職業指導研究会が組織化されて職業紹介所と連携したことによって職業指導の意義が注目され，翌1927年に文部省（当時）は訓令第20号「児童生徒ノ個性尊重及職業指導ニ関スル件」において職業指導を学校教育に正式に位置づけることとなった。この訓令は，児童生徒の個性や環境，資源等に配慮して職業指導や上級学校選択への指導を行うこととされ，今日の進路指導の教育課程化の原点とされた。以後，職業指導は重要な教育活動として，かつての職業紹介所主導型の社会政策的な性格から，人間尊重の精神に基づく適切な進路選択へと導く職業指導が主流となっていった。

　しかし，1937年の日中戦争勃発による「国家総動員法」（1938）によって，厚生省（当時）・文部省は「小学校卒業者ノ職業指導ニ関スル件」を出し，職業の

国家的要請への適合を要求した。これによって職業指導は，国家主義的・軍国主義的な方向に向けて大きく舵を転換することとなる。1941年には，文部次官「国民学校職業指導授業要綱」「国民学校ニ於ケル職業指導ニ関スル件」通牒が出され，職業指導は戦時労働力の選別・配置の手段として国家体制に組み込まれていった。

1945年に第二次世界大戦は終わりを迎え，日本国憲法(1946)による職業選択の自由の規定や学校教育法(1947)による進路指導の学校教育への法的位置づけがなされた。文部省の「職業指導学習指導要領」(1947)では，職業指導を「個人が職業を選択し，その準備をし，就職し，進歩するのを援助する過程である」と定義した。

1949年の教育職員免許法では「職業指導」が中学・高校教員免許科目と定められ，学校教育における職業指導が法的に位置づけられた。文部省の『学校の行う就職指導』(1951)によると，職業指導とは「生徒の個人資料，進学・就職情報，啓発的経験，相談，あっせん，追指導などの機能を通して，生徒が自ら将来の進路を計画し，進学・就職して，さらにその後の生活によりよく適応し，進歩するように，教師が教育の一環として援助する過程である」とされている。

第2項 進路指導の導入

1953年の「学校教育法施行規則等の一部を改正する省令」によって学校教育に進路指導主事が導入された。これは戦後社会に「職業的知識・技能の教育の必要性を認め，就職する者が多いという理由から進路選択能力の育成に価値を見出しているために，自己実現が進路指導の目標概念に位置づくという発想がなかった」からである。中央教育審議会答申「科学技術教育の振興方策について」(1957)では，それまでの職業指導に代わる「進路指導」の用語が初めて公式に使われた。文部省学習指導要領(中学校 1958，高等学校 1960)ではこれを受けて学校で行う指導は「進路の指導」であることが明示され，「学校卒業期

の進学・就職指導から，将来の進路を選択する能力を養うことへの目標の重点の移行が行われた」。1977年の文部省『中学校・高等学校進路指導の手引——進路指導主事編』には，「進路に関心を持たせ，進路の世界への知見を広め，進路の計画をし，実現を図るという一連のプロセスに対して，指導・援助する」活動を進路指導としている。

　以上のように，戦後の高度経済成長下での高等学校進学率の上昇や学歴社会の誕生を背景として，学校教育における進路指導は就職や進学など出口の部分に集中した教育活動に特化していく。やがて1980年代になって，高度経済成長期の矛盾の噴出や学歴社会批判の影響により，受験指導は「出口指導」や「偏差値による輪切り指導」として批判の対象となった。

第3項　キャリア教育への転換

　1990年代には，「キャリアの選択」に向けた生徒の内面的意識の開発と育成の教育的意義が注目され，進路指導として「在り方生き方指導」に大きく転換していくこととなる。1991年，中央教育審議会答申「新しい時代に対応する教育の諸制度の改革について」は，高校教育改革の視点として「量的拡大から質的充実へ」「これまでの画一的な管理教育や，形式的平等から実質的平等へ」「偏差値偏重から個性尊重・人間性を重視へ」を揚げ，多元的な価値観を受容し，個性・特色ある学校の出現を誘った。文部省通知『我が国の文教政策』(1996)においても，今後の進路指導に当たっては「学校・教師主導の指導ではなく，生徒自身の主体的な進路選択を支援する考え方や方向」が明確に提示されている。どのような教育をどの程度受けるのか，選択するのは「自己責任」を伴う子どもやその親の自主的な判断に委ねられることとなった。中央教育審議会第一次答申「21世紀を展望した我が国の教育のあり方について」(1996)では，これからの豊かな成熟社会の実現を図る社会的要請や，国際化・情報化等の急速な変化といった展望をふまえ，「ゆとり」のなかで，子どもたちが生きる力を育むことの重要性を提唱している。中央教育審議会答申「初等中等教育と高等

教育との接続の改善について」(1999)では高等学校の多様化が進むとともに，大学進学率の一層の上昇が見込まれるなか，偏差値を指標とした「入れる大学」ではなく，将来の進路・職業を長期的に展望して，自分にとって「入りたい大学」を，長期的な進路展望や自己の価値観に基づいて選択することが求められている。また，自ら学び自ら考える新学力観が理念として提唱される一方で，小学生から大学生に至る学力低下問題が国民的論議を呼び，学習指導要領の改訂によって，基礎学力を重視する教育も進められている。さらに，1990年代後半以降の経済的低迷の長期化の中で，雇用の流動化が進展し，いわゆるニートやフリーター，早期離退職，非正規雇用等，若年労働市場を巡る厳しい状況が拡大している。これに対して，若者の職業意識を高めるキャリア教育の学校教育への導入が謳われる等（文部科学省大臣官房政策課 2003，厚生労働省職業能力開発局 2003，経済産業政策局産業人材政策室 2003），学校教育はめまぐるしく転換を繰り返してきた。

第2節 後期中等教育における福祉教育

第1項 新制高等学校の発足

　日本の高校教育は，1945年のGHQ「日本教育制度ニ対スル管理政策」及び文部省（現文部科学省）「新日本建設ノ教育方針」に基づく教育政策の流れを受けて，1948年に新制高等学校として発足した。専門高校の構造的変化をみると，1961年に富山県立富山産業高校と富山県立高岡産業高校が開校し，1964年には神奈川県立二俣川高校（衛生看護科）が開校した。85年には東京都教育委員会の高校教育改善推進本部が，国際高校，体育高校などの新型高校設置推進プランを発表した。1993年に文部省は総合学科など高校制度改革に関連する省令改正を行い，職業科を専門学科に改めた。また，文部省は1995年に翌年度の大学入試実施要綱を通知，職業高校卒業生に対する特別選抜を認めるとともに，「学校教育と卒業後の進路に関する調査」を発表して，高校生の進路が学力偏

重から抜け出し多様化しているとした。

第2項　高校福祉教育の源流

　前項でみたような日本の高校教育の歴史的経緯の中に福祉教育が導入されたのは，新制高等学校が発足して間もない1951年のことである。全国で最も早く福祉教育を開始したのは，神奈川県の民生部社会課が県教育委員会に委託して県下の中学校・高等学校計10校を「福祉教育研究普及校」として指定したのが始まりとされる。当時の日本は終戦後の混乱期にあり，生活困窮者への慈善運動も盛んであった。そのため，神奈川県の普及校に指定された学校での福祉教育も，慈善的色彩が濃い内容であった（岡 2000）。その後，福祉教育の多様な取り組みが全国の小学校・中学校・高等学校で行われるようになったが，それは一般教養・人間教育としての意味合いの内容や奉仕活動やボランティア活動等が中心であった。

第3節　高等学校専門教科「福祉」創設

第1項　学習指導要領への位置づけ

　いじめによる自殺や少年犯罪など青少年を巡る問題が深刻化する中でノーマライゼーションやインテグレーションなどの価値に基づいた教育や，少子高齢社会における社会福祉の主体者を育てる福祉教育の重要性が注目されるようになった。[1]文部省の諮問を受けた理科教育及び産業教育審議会は，1998年7月に「今後の専門高校における教育の在り方について」答申を行い，高等学校に専門教科「福祉」を新たに設置する必要があるとした。また教育課程審議会は同年，「幼稚園，小学校，中学校，高等学校，盲学校，聾学校及び養護学校の教育課程の基準の改善について」答申を出して専門教育に関する教科「福祉」を設置することとした。

　このような経過を受けて1999年3月に告示された文部省「学習指導要領」

において，2003年4月から高等学校に専門教科「福祉」を創設することが示され，日本の学校教育史上に「教科としての福祉」が初めて登場した(理科教育及び産業教育審議会[2])。こうして設置された高等学校教科「福祉」は，社会福祉に関する知識・理解と福祉社会の諸課題を解決する能力を育成することを目的として，「社会福祉基礎」などの科目で構成され，授業時間の10分の5程度は実験や実習にあてるなど体験的な学習活動を重視する方向性が示された[3]。こうした流れの中で全国の福祉系高校では，多様な福祉教育が展開されるようになった(岡 2006, 2007b, 2007c, 2010)。目黒(2000)は実習後の演習や実習授業において，実習施設の介護をプリントや実技で発表する時間を設けて基本技術を個別性に応じて応用させる施設介護を想起させ，病状や障害等との関連を教科書等で調べるリフレクションの実際を記している。班発表や事例検討の中で生徒の疑問を解決し，3年の実習までに身につける知識・技術を確認できるとしている。また，岡(2006：84-101)は，福祉系高校生がホームレスとの関わりを通して「社会に内在するマイノリティを排除するシステムに気づき」「家族や友人，学校や地域社会の身近な人々との関係を新しい価値観でみつめる」等，感受性豊かな時期に福祉を学ぶ意義を報告している。佐藤(2010：126-41)は，福祉系高校における社会福祉実習事後指導について，グループワークを取り入れた生徒同士の相互学習により，介護概論，記録から整理した評価の検討，事例検討や高齢者アセスメント表からの問題抽出・介護目標設定等，施設実習で収集した情報をもとに総合的な振り返りを試みている。

第2項 福祉系高校生の国家資格取得

介護福祉士国家試験は，「社会福祉士及び介護福祉士法」の成立によって1988年から実施されている。第1回試験は全体で11,973名が受験し2,782名が合格した(合格率23.2％)。福祉系高校生は51名が受験して2名が合格(同3.9％)を果たした。第2回は全体の合格率が37.1％と10ポイント以上上昇したのに対して，福祉系高校生は4.8％と苦戦している。しかしその後，全体平均の伸

びに続いて福祉系高校生の合格率も上昇し，第9回では全体平均に追いつき，第15回以降では全体平均を超える成果を収めている(図2-1)。

前述の社会保障審議会(2006)でも，文部科学省及び全国福祉高等学校長会による報告の中で，介護福祉士資格取得状況に関するデータが示されている(2006文部科学省)。報告によると，第18回介護福祉士国家試験合格率は，一般の実務経験者を上回り，なかでも福祉科設置高校は65.1％と高い値を示している。

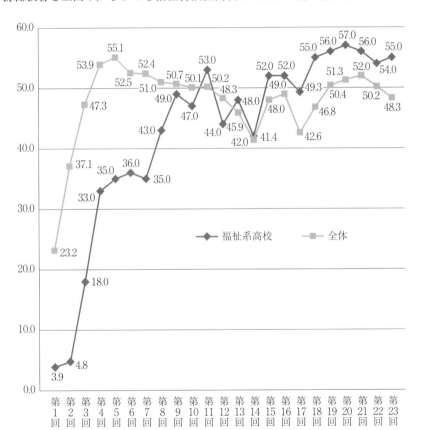

図2-1　介護福祉士国家試験合格率

出所）文部科学省(2006)「福祉系高校における介護福祉士の養成について」委員等提出資料1-2 社会保障審議会福祉部会資料をもとに，筆者作成

こうした福祉系高校生の介護福祉士国家試験合格率上昇の背景には，全国福祉高等学校長会の動向が重要な役割を果たしている。全国福祉高等学校長会は，1992年から2年間の準備期間を経て，1994年に結成され，同年に第1回全国大会を開催した。この間，全国の福祉系高校教員は学科主任を中心として積極的な情報交換や交流を行い，教育技術及び国家試験対策ノウハウ等の共有化をダイナミックに推進した。それによって，全国の福祉系高校の教育内容及び教育方法の標準化やレベルアップがなされ，生徒の介護福祉士国家試験合格率の向上にも反映された。

第3項 卒業時の進路選択

また同審議会（2006）では，福祉系高校生の卒業後の進路（就職・進学）は福祉分野が多数（67.3％）[4]を占め，日本における専門的福祉人材養成の一翼を担っていることも報告された[5]。それによると，生徒の卒業後の進路は福祉系進路（福祉就職と福祉進学）が，いずれの年度も合計して5割から6割を占めている。福祉系高校で介護福祉士や訪問介護員の資格を取得して，即戦力として福祉分野に就労する福祉就職者と，進学後に社会福祉士等の資格取得や幅広い福祉専門教育を受けて専門性の高いサービス提供を目指す福祉進学者の2つのタイプの若い福祉専門職養成に関して，一定の教育成果をあげているといえよう。

第4項 卒業後の継続就労

福祉分野に限らず一般社会において，ニート・フリーター，早期離退職等，青年期の就労を巡る課題が深刻な状況となっている。中でも新卒就職者の就職後3年以内の早期離職者が高卒者で5割，大卒者でも3割と深刻な状況にあり，適切な職業選択の指導や離職予防に関する対策が求められている。早期離退職者の多くはその理由として，「自分の思っていた仕事とは違っていた」等，自己のイメージと職務内容とのミスマッチをあげている。この事は就労前に自己の職業適性を把握することの重要性と，適切な進路選択支援システムを構築す

る必要性を示唆している。

　前述の社会保障審議会(2006)では，福祉系高校卒業生の福祉分野における離職率の低さが報告された。表2-1は，福祉系高校を卒業し福祉分野に就職した者の離職率の推移を表している。福祉系高校卒業生の福祉分野における離職率13.5％(2003年4月就職者の2006年9月時点における値)は高卒者全体の離職率49.8％(2003年4月就職者の2006年3月時点における値)に比較して，3分の1以下と極めて低い結果となっている(文部科学省 2006社会保障審議会福祉部会資料)。

表2-1　福祉系高校を卒業し福祉分野に就職した者の離職率

	2003年4月新卒就職者	2004年4月新卒就職者	2005年4月新卒就職者
	2006年9月15日現在　離職率		
福祉系高校	13.5％	10.1％	4.7％
	2005年3月31日現在　離職率		
高校(全体)	49.8％	39.5％	24.8％
大　学	35.7％	26.8％	15.0％

出所)　全国福祉高等学校長会調査　2006

第4節　福祉教育政策

第1項　福祉教育の政策的レリバンス

　社会保障審議会での福祉系高校に関する論議は，創設から20年を経た福祉系高校に関する成果と課題を総括するものであった。福祉系高校創設当初に国が企図した2つのタイプとしての福祉系進路(福祉就職と福祉進学)を，5割から6割の生徒が選択していた。また，福祉現場の慢性的な人材不足や早期離退職の中で，福祉系高校卒業生の継続就労が報告された。卒業生が働き続ける背景に，介護福祉士国家資格合格率の高さや，それを支援する福祉系高校教員のネットワークの存在が推察された。さらに，現場実習等により早い段階から仕事内容や自己の職業適性を認識し，その上で進路を決定することの重要性も示された。

第2項 福祉教育政策の課題

　以上のように，マクロレベルにおける福祉系高校のレリバンスが明らかになった。これを踏まえて，以下に，今後の課題を述べておきたい。
超高齢社会を迎える日本において，多職種協働の中核となる福祉専門職の質的・量的担保は福祉社会の持続可能性を支える命題であり，「専門としての福祉教育」の重要性とあり方が問われている。本書で明らかになった2つのタイプの定着が，福祉現場や地域社会においてどのように具現化され，どのような影響を与えて来たか。さらに，福祉系高校の創設は福祉社会の創造に寄与することができているか。それらの問いに対する検証は，日本の学校教育史に教科としての「福祉」が導入されたことに対する政策的レリバンスを検証する観点からも，また今後の福祉教育の方向性を展望する意味からも，重要な課題である。福祉系高校卒業生などの若い福祉専門職が高い志をもって従事する福祉現場が，労働条件改善によってさらに魅力ある職業としての地位を確立する諸施策が求められる。

注）
1) この定義は，アメリカの全米職業指導協会の定義「職業指導とは，ひとつの職業を選び，それに向かう準備をし，その生活に入り，かつその生活において進歩するように個人を援助する過程である。それは主として将来の計画を立てキャリアを形成するための決定や選択―満足のいく職業適応を齎すのに必要な決定と選択―を援助するのに関わっている」(1937) に影響を受けているとされる。
2) これに伴い大学では高校「福祉科」教員免許取得に向けた「福祉科教育法」や教育実習指導も始められた。
3) 1999年の文部省告示第58号で高等学校学習指導要領改正が定められ専門教科「福祉」は，社会福祉に関する知識及び技術の習得との理念及び意義の理解により社会福祉の課題解決に主体的に取り組む態度の育成を目的としている。
4) 第18回介護福祉士国家試験 (2006年3月)
5) 2006年3月卒業生

第3章
教員の語りによるメゾレベルの質的レリバンス

第1節 本章の目的

第1項 福祉系高校におけるメゾレベルのレリバンス

　福祉現場における深刻な人材不足が福祉サービス利用者のQOLを低下させるなかで，国家資格を伴う高等学校福祉教育が開始されて25年，高等学校学習指導要領教科「福祉」が創設されて10年近くが経過した。この間先行研究では，福祉系高校生の実習経験が高齢者イメージに肯定的影響を与えること（萩原・名川ら 2008：98-110）や，入学動機の福祉志向性が高い者は能動的で反省的な実習を経て福祉系進路を選択する傾向（岡 2010），高校福祉教育が卒業後のキャリアを支えること（田村・保正 2008）などが報告され，福祉を学ぶ高校生を対象としたミクロレベルの研究には一定の蓄積がみられる。また，「社会福祉士及び介護福祉士法」改正論議（2006 社会保障審議会）において全国の福祉系高校における資格取得状況や福祉分野への進路実績など，マクロレベルの成果と教育実績も報告されている。

　しかし，メゾレベルとしての福祉系高校教員に焦点を当てた研究はこれまで十分に行われて来なかった。教員は生徒に専門的知識・技術を伝授する指導者であり，現場実習や進路選択のコーディネートやスーパービジョンを担う支援者でもある。そして，生徒の学びや発達プロセスを見守り，卒業後の進路状況やライフコースを熟知する福祉教育のキーパーソンでもある。そのため，高校側や教員がどのような働きかけや指導，支援を行っているのかを考察すること

は，福祉教育現場の具体を明らかにする上で重要な意味があると考える。そこで本研究では，福祉系高校におけるメゾレベルのレリバンスに着目して考察し，新しい福祉教育の方向性を展望する目的で教員インタビューを実施した。

第2項 調査の目的

　本調査は，福祉系高校教員を対象としたインタビュー調査である。高校福祉教育の担い手である福祉系高校教員を対象とした本格的な面接調査は，これまでほとんど実施されていない。そのため，福祉教育現場における教員の福祉教育に対する思いや生徒の入学動機と実習経験，進路選択等の関係性に対する客観的な評価も語られてこなかった。結果的には，高校福祉教育の実践当事者である福祉系高校教員からみたメゾレベルでの福祉系高校のレリバンスに対する検討や，生徒の入学動機の差異に応じた適切な進路選択への支援などに関する議論も十分になされたとはいえない現状である。そこで，福祉系高校の教員が福祉教育や生徒理解，進路選択への支援をどのような観点から行っているのかを明らかにして，メゾレベルにおける福祉系高校のレリバンスを検討する目的で，本調査に取り組むこととした。調査の具体的な目的は以下の5点である。

　第1に，福祉系高校に入学する生徒の特性を教員がどのようにとらえているのかをインタビューによって明らかにすることである。福祉系高校生は，高校入学以前から「福祉という自分の将来を，確固たる信念で貫き通している者」（2006 社会保障審議会福祉部会資料）が多く，「生活の中で福祉に興味を持ち，人のために何かしたい，人に必要とされたいという思いを持った生徒たち」（2006 全国福祉高等学校長会全国大会資料）が集まるとされる。ここに描かれているのは，①「生活の中で」福祉に対して興味や関心を抱くようになり，②「人のために」役に立つことを意味のあることと考え，③「将来」の進路として「福祉」分野に進むことを，④「確固たる」強い「信念」で「貫き通して」努力する生徒像である。このようなプロフィールを持つ生徒は，実際にどのような「生活の中で」福祉に関心を持つにいたったのか。また，入学前後に高校側からなされる，

説明と同意を得るプロセスや配慮はどのように行われているのかは，必ずしも明らかにされていない。従って，入学する生徒の特性と，それに対する高校や教員のとらえ方及び働きかけを明らかにすることは意義があると考える。

第2に，前述のような「福祉に対する高い関心を持つ」中学生やその親にとって，福祉系高校は「進学先」の選択肢として存在意義があるのではないか。また，福祉系高校の立場からは，福祉に対する高い志向性を持つ生徒を集める「望ましい宣伝効果」があるといえよう。従って，どのような入学動機を持つ者がどのような姿勢や態度で福祉を学び，どのように進路選択を行うのかを検討することは，福祉系高校の教育方針を設計する上でも，学習者理解とレディネスを把握する観点から重要な命題である。

第3に，福祉系高校で行われる現場実習に対する教員の教育活動や，地域・福祉現場との連携がどのように行われているかを明らかにする目的がある。福祉現場での実習経験は，生徒にとって，「知識や技術などを実際に即して『学び替える』体験の機会」であり，「職業体験の第1歩となる"実習"の意味は大きく，『実習においていかに学ぶか』ということがやはり就業までの意欲につながる」（村田 2009）。従って，生徒への実習指導及び支援の状況を明らかにすることは，福祉教育の根幹となる課題である。

第4に，福祉系高校教員から見た福祉系高校のレリバンス（教育目的と内容・結果の適合性）を総合的に検討することである。具体的な視点としては，生徒の入学動機と実習経験，進路選択の推移の関係を軸に，教員から見た客観的な状況把握や評価を行う。さらに，教員が行う生徒への指導や支援が，具体的な教育効果や実習効果につながっているかを検討する。そして，メゾレベルとしての福祉系高校のレリバンスに関する新たな知見を得ることを目的とする。

第5に，福祉系高校における教育上の困難と課題を明らかにすることである。専門教育を行う福祉系高校には，教育上の多様なカリキュラムや工夫が求められている。また，実習指導をはじめ，普通科にはない現場との交渉など，教員の職務は多岐にわたる。教育上の困難や課題もあると予想される。従って，そ

の具体的な状況を把握することが福祉系高校のレリバンス効果を高めるためにも重要であると考える。

第6に，福祉系高校の課題と展望を，教員はどのようにとらえているのかを明らかにしたい。特に，「社会福祉士及び介護福祉士法」の改正にともなう教育カリキュラムの改変が，福祉系高校の現場に及ぼす課題や福祉教育の展望に対する，教育者の立場からの率直な語りを得ることには意味があると考える。

以上を明らかにする目的で，福祉系高校教員に対するインタビュー調査を実施した。[1]

第3項 調査の方法

2010年7月～8月に全国の福祉系高校教員の中で指導的立場にある教員を中心に調査への協力を得られた21名を抽出し，半構造化による集団面接調査を実施した。調査に当たっては，回答者の匿名性確保等の倫理的配慮を行うとともに，調査目的と倫理的順守に関して口頭での説明を行い，了承を得た。また，筆者の所属する研究機関の研究倫理審査を受けて承認された。インタビューガイド（巻末資料2）は，「マクロ（国の福祉教育政策）・メゾ（教育機関としての福祉系高校）・ミクロ（福祉系高校に在籍する生徒）」の各レベルに関して，1987年の文部省（産業教育に関する研究協力者委員会福祉部会答申）が示した2つのタイプとそれ以外のタイプに関する具体例や[2]，生徒の進路選択や適性と実習先の配属，福祉進学でのギャップ，福祉教育への意義等から構成した。本研究では，インタビュー対象者の承諾を得て録音したデータのうち，研究目的に合致する16名分を逐語録に起こして，KJ法（川喜田 1967, 1970, 1986）を用いた質的研究を行った。

第2節 KJ法による研究

第1項 KJ法

　本研究では，KJ法（川喜田 1967，1970，1986）による質的研究を以下の手順で行った。まず，インタビュー対象者の逐語録をKJラベルに転記し（1,145枚），多段ピックアップ（5回）によって厳選した。その結果得られたラベルを元ラベルとして，4つのタイプ別に狭義のKJ法を行った。

　狭義のKJ法は，元ラベル群の「グループ編成」→「図解化」→「叙述化」の一連の作業である。「グループ編成」は，ラベル群の全体感を背景としてラベル同士の意味内容の近さを吟味して，セットになったものには「表札」と呼ばれる概念を文章として与える。セットにならないラベルは「一匹狼」と呼ぶ。この「グループ編成」による統合を繰り返し，ラベル群が10束以内になったら「図解化」する。「図解化」において統合されたラベル群を「島」と呼び，最終統合の島にはそれぞれに「シンボルマーク」と呼ばれる圧縮的・象徴的概念を与え，島同士の関係を関係線で示す。さらに最終的に得られた4枚の全体図解の内容を「叙述化」する。

　福祉系高校教員の教育目的と教育効果とのメゾレベルのレリバンスは，KJ法によるグループ編成を5回繰り返した結果，最終的に「**体験が福祉への親和性を育む**」「**連携の好循環が福祉職を育てる**」「**実学が職業力を高め人格を陶冶する**」「**厳しい現場に生徒がゆらぐ**」「**つまずいた生徒の指導に苦慮している**」「**福祉教育の価値の確認が必要だ**」「**福祉教育を広げていこう**」の7つの「島」に統合された。結果を図解化（図3-1）した内容を叙述すると，第3節のとおりである。

　なお，文中の「　」は元ラベル，「・」は一匹狼，《　》は第1段階の統合による表札，太字「　」は最終的な島の表札，『　』は総タイトル，最終的な島の表札と総タイトルの前のことばはシンボルマークである。

第3節 教員の語りによる福祉系高校

第1項「福祉系高校教員」

(1) **各島の叙述**(図3-1を参照)

① 福祉に親和性

　福祉系高校教員は入学する生徒の特徴に関して，家庭環境など身近な体験の中に福祉が位置づいていると述べている。祖父母が介護を受けた者，親が福祉職として働いている者，障がいのある身内と育った者など，「身内の介護経験や福祉職の影響で福祉を目指す者も多い・」という。また，「ボランティアや福祉体験が興味を持つきっかけとなる・」など，小・中学校の総合学習やボランティア体験等の影響も指摘している。さらに，「高校入学迄の体験で火がついた生徒は一貫している・」として，福祉への志向性が明確な者は入学後も目的に向かって積極的に学ぶ姿がみられるとする。以上のことから教員は，福祉系高校に入学する生徒には，家庭環境や福祉などの**「体験が福祉への親和性を育む」**としている。

② 連携の好循環

　福祉系高校が実りのある福祉教育を実現させるためには，その柱となる現場実習が重要である。教員は実習指導に際して，さまざまな取り組みを行っている。

　第1に，生徒の多様な個性や進路選択を勘案して実習先の配属を行う。「就職希望者は介護実習できる所に配属する」「特養や老健等の多様な施設に割り振る」など，生徒の進路を見極めた実習先の選定に心を砕くなど，《**1　熟慮して実習配属する**》ことが示された。

　第2に，「施設も良い人材確保の為に特別な実習を受け入れる」ことや実習生数の拡大など，実習受け入れに最大限の努力を払う現場の様子が明らかになった。「何十年来の実習先が生徒の就職先になる」と，高校と施設が密接に連携して実習指導を行っており，「施設からも社会的マナーを指導して欲しいといわれる」など，実習現場と高校が連携して生徒を育てていた。以上の事から，

《2 高校と現場に信頼関係がある》ことで，充実した実習が就職に結びつくなど，学びと進路の好循環が生まれている状況がみられた。

　第3に，生徒は実りのある実習によって，「介護ができて『ありがとう』といわれて自己肯定感が高まる」「実習で自信ができて就職していく」など，《3 良い実習が福祉への自信を高める》傾向が見られた。

　第4に，福祉系高校を卒業して福祉現場で働く者の多くが後輩である高校生の実習をサポートし，高校と福祉現場との橋渡し役となっているため，母校の教員や生徒にとって，「4 卒業生は福祉現場で後輩の指導を担っている」心強い存在であった。

　第5に，「級友や教師との密接な絆が卒業後の支えになっている」ことや，地元の「ネットワークで繋がって転職や子育ても助け合う」など，卒業後もお互いに連絡を取り合って情報交換し，《5 高校の絆が人生を支える》様子がみられた。

　第6に教員は，成長する生徒の姿によって福祉教育に成果と意義を確信し，地域に役立つ生徒を育てるために奮闘していた。「教員が頑張るのは高校生が地域に求められているから」など，使命感を持って福祉教育に当たっている。「福祉教育は大変だが卒業生が頑張る姿が嬉しい」と，《6 生徒の頑張る姿に教員も励まされる》様子が語られ，生徒と教員，卒業生の3者のつながりの強さが浮かび上がった。

　第7に，このような中で，福祉系高校に対する教員の評価として，普通科にはない独自性への誇りが語られた。「福祉科は成功しているとみて良い」，「施設の評価に福祉系高校はイケると思う」など，《7 福祉系高校イケる！》とするメッセージが発せられた。以上のことから，福祉系高校と福祉現場，卒業生のネットワークなど，「連携の好循環が福祉職を育てる」とする学校効果が示された。

③ 実学の強さ

　福祉系高校での実学は，生徒にとって実習効果（自己肯定感・福祉分野への進

路志向)を得るなど，福祉を学ぶことが社会で生きる力となり，福祉系高校の学びや資格が進路を拓き，生活の糧となって自立を支えている。

第1に，卒業時に「バリアフリー家づくりをアピールして住宅メーカーに就職できた」者や，「他分野を退職後に福祉資格や求人の強さを知り福祉就職した」者，「福祉求人は100％以上県内外からあると中学生にも説明する」など，福祉の学びや資格が《**1 就職や進路に有利である**》ことが語られた。

第2に，「専門高校で知識技術を学ぶと常勤で長く働け給料も良い」，「普通科卒は非正規雇用も少なくない」などの具体例のように，福祉系高校卒業生の就職状況は《**2 常勤で長く働け安定している**》雇用形態が多く，専門教育が生きる土台を支えていることが示された。

第3に，「福祉の学びや資格は生徒の生活を支える糧になる」，「経済的・社会的な自立を福祉系高校は支援する」として，福祉の資格や学びは《**3 生活の糧となる自立を支える**》力とされた。

第4に，生徒は，福祉サービスを利用する高齢者や障害者などマイノリティといわれる人びととのさまざまな出会いの中で多くを学び，福祉を通した自己洞察・自己変革が人格形成に意味を持っていた。「人格形成期の人との出会いで自分を顧みる」，「自分の弱さや適性と向き合い人間的に成長する」など，《**4 経験が自己洞察を促す**》状況が示された。

第5に，一般就職した生徒も福祉の学びや資格が社会的評価を得ており，「旅館に勤めて車イスの方をお世話して資格が生かせた・」などの事例が聞かれた。

第6に，福祉系高校生の中には，入学時から社会福祉士や看護師を目指して大学進学を考えている者も少なくなかった。高校と大学を合わせて7年間，社会福祉士や精神保健福祉士などの資格取得を目指して，「福祉系大学に進学してキャリアを上昇させる生徒も多い・」ことなど，福祉系高校がキャリア成熟を遂げるための梯子（キャリア ラダー）の役目を果たしている可能性が示された。以上のことから，「**実学が職業力を高め人格を陶冶する**」とされた。

④ 生徒のゆらぎ

インタビューの最後に，福祉教育の課題を語っていただいた。福祉系高校教員が最も緊急性のある課題と考えていることのひとつは，専門高校でつまずいた生徒への救済策であった。福祉系高校入学前の進路選択に際して，明確な入学動機を持たないままに入学した生徒など，福祉系高校の専門教育とのミスマッチを起こす生徒の存在と対応が課題であるとされた。

第1に，実習現場でのリアリティショックをはじめ，「介護技術が伴う実習で難しいと思う者も出る」，「現場で自己に向き合い未熟と感じる者もいる」，「排泄介助や辛い仕事を無理だと思う者が出る」など，《1 実習で無理と思う者が出る》とされた。

第2に，「認知症の方に拒否されてトラウマになった」，「傷ついた気持ちを表に出す迄に時間がかかる」など，生徒が受けた《2 リアリティショックが長引く》ことがある。以上のことから，「厳しい現場に生徒がゆらぐ」とされた。

⑤ 教員の苦悩

福祉を学ぶ過程での生徒のゆらぎに関して，第1に，「実習対応や指導が大変になってきている」ことや，教員が「多忙で実習のつまずきに即対応できない」こと，「実習でトラブルがあり施設からクレームがきた」ことなど，教員が《1 生徒の実習指導に苦慮する》姿が示された。

第2に，「専門高校で馴染めない生徒をどう救済するか」，「必要な場合は単位読み換え等で転校できると良い」など，《2 リスクの受け皿に悩む》声も聞かれた。以上のことから，専門教育とのミスマッチやリアリティショックに直面する生徒への対応など，「つまずいた生徒の指導に苦慮している」教員の姿が浮彫りにされた。

⑥ 価値の確認

福祉教育の中で教員は，資格取得に関して，「介護福祉士レベル到達点や倫理はどこで線を引くか・」と迷い，「生徒の個人情報保護や実習など悩みは深い・」とする。さらに，「原点を見失わず教員同士で話し合いたい」として，再度「福祉教育の価値の確認が必要だ」と考えている。

⑦ 発信

福祉系高校教員はこれまでの教育経験から,「小中や普通科などに福祉教育を広げると良い・」として,小学校からの一貫した福祉教育を提案している。また,「福祉教育をどうするか現場の声を発信しよう・」など,上からの教育制度を受け止めるだけでなく,教育現場の声を行政や社会に発信するアクションを起こすことを提起して,**「福祉教育を広げていこう」**とのメッセージが発せられた。

(2) **最終的な統合**

福祉系高校教員は,教育現場で生徒を指導するなかで,第1に,「身内の介護経験や福祉職の影響で福祉を目指す者も多い・」,「ボランティアや福祉体験が興味を持つきっかけとなる・」,「高校入学迄の体験で火がついた生徒は一貫している・」など,「① **福祉に親和性:体験が福祉への親和性を育む**」としている。

第2に,《1 熟慮して実習配属する》《2 高校と現場に信頼関係がある》《3 良い実習が福祉への自信を高める》「4 卒業生は福祉現場で後輩の指導を担っている」《5 高校の絆が人生を支える》《6 生徒の頑張る姿に教員も励まされる》《7 福祉系高校イケる!》と確信する教員の強いメッセージが発せられた。以上のことから,福祉系高校と福祉現場,卒業生のネットワークなど「② **連携の好循環:連携の好循環が福祉職を育てる**」教育効果に結びつくことが示された。

第3に,《1 就職や進路に有利である》《2 常勤で長く働け安定している》《3 生活の糧となる自立を支える》《4 経験が自己洞察を促す》「旅館に勤めて車イスの方をお世話して資格が生かせた・」「福祉系大学に進学してキャリアを上昇させる生徒も多い・」ことも示された。以上のことから,「③ **実学の強さ:実学が職業力を高め人格を陶冶する**」とされた。

第4に,《1 実習で無理と思う者が出る》《2 リアリティショックが長引く》

ことから,「④ 生徒のゆらぎ：厳しい現場に生徒がゆらぐ」ことがあるとされた。

第5に,《1 生徒の実習指導に苦慮する》《2 リスクの受け皿に悩む》など,「⑤ 教員の苦悩：つまずいた生徒の指導に苦慮している」姿が浮彫りにされた。

第6に,「介護福祉士レベル到達点や倫理はどこで線を引くか・」「生徒の個人情報保護や実習など悩みは深い・」「原点を見失わず教員同士で話し合いたい」など,「⑥ 価値の確認：福祉教育の価値の確認が必要だ」と考えている。

第7に,「小中や普通科などに福祉教育を広げると良い・」「福祉教育をどうするか現場の声を発信しよう・」など,「⑦ 発信！：福祉教育を広げていこう」との声が発信された。

以上のことから,これら7つの最終的な島を統合すると,「福祉系高校教員」の語りから,福祉を学ぶ生徒の姿に実学の強さを見出し,福祉教育が地域福祉の担い手を育てる誇りと確信を持つ半面,専門教育に馴染めない生徒の対応に苦慮しながら,福祉教育の原点を問い直し,普遍化しようと呼びかけるなど,『自負・苦悩・普遍性：生徒の自立を支える福祉系高校教員』の複雑な胸中と現状が浮上した。

第2項 教員の語りに関する全体図解

「福祉系高校教員」は,福祉に対する目的意識が明確な生徒は福祉的体験を経ていることから,〈体験が福祉への親和性を育む〉としている。そのような生徒に対する実習指導など,高校と福祉現場との〈連携の好循環が福祉職を育てる〉ことが示された。そして,福祉系進路だけでなく広く社会に役立つ専門性や,生徒の人間的な成長がもたらされることから,〈実学が職業力を高め人格を陶冶する〉とする。しかし,このような福祉系高校の教育成果と同時に,課題も浮上した。実習でのリアリティショックなど,〈厳しい現場に生徒がゆらぐ〉場面や,福祉へのミスマッチなど〈つまずいた生徒の指導に苦慮している〉教員の姿も語られた。福祉系高校の担ってきた使命や,創設時の原点を問

生徒の自立を支える福祉系高校教員 ← 自負・苦悩・普遍性

① 体験が福祉への親和性を育む

- 身内の介護や福祉職の影響で福祉を目指す者も多い。
- ボランティアや福祉体験が興味を持つきっかけとなる。
- 高校入学迄の体験で火がついた生徒は一貫している。

② 連携の好循環が福祉職を育てる

1 熟慮して実習配属する
- 就職希望者は介護実習できる所に配属する
- 特養や老健等の多様な施設に割り振る

2 高校と現場に信頼関係がある
- 施設も良い人材確保の為特別な実習を受け入れる
- 何十年来の実習先が生徒の就職先になる

3 良い実習が自信を高める
- 介護できて「ありがとう」といわれて自己肯定感が高まる
- 実習で自信ができて就職していく

5 高校の絆が人生を支える
- 級友や教師との絆が卒業後の支えになる
- ネットワークで転職や子育ても助け合う

6 生徒の頑張る姿に教員も励まされる
- 教員が頑張るのは高校生が地域に求められているから
- 卒業生は福祉現場で後輩の指導を担っている。

7 「福祉系高校イケる!」
- 福祉教育は大変だが卒業生が頑張る姿が嬉しい
- 福祉科は成功しているとみて良い
- 施設の評価に福祉系高校イケると思う

→ 福祉に親和性 連携の好循環

③ 実学が職業力を高め人格を陶冶する

1 就職や進路に有利である
- バリアフリー家づくりをアピールして住宅メーカーに就職できた
- 他分野を退職後に福祉資格や求人の強さを知り福祉就職した
- 福祉求人は100%以上県内外からあると中学生にも説明する

2 常勤で長く働け安定している
- 専門高校で知識技術を学ぶと常勤で長く働け給料も良い
- 普通科卒は非正規雇用も少なくない

3 生活の糧となる自立を支える
- 福祉の学びや資格は生徒の生活を支える糧になる
- 経済的・社会的な自立を福祉系高校は支援する
- 旅館に勤めて車イスの方をお世話して資格が生かせた

4 経験が自己洞察を促す
- 人格形成期の人との出会いで自分を顧みる
- 自分の弱さや適性と向き合い人間的に成長する
- 福祉系大学に進学してキャリアを上昇させる生徒も多い。

→ 実学の強さ

④ 厳しい現場に生徒がゆらぐ

1 実習で無理と思う者が出る
- 介護技術の伴う実習で難しいと思う者も出る
- 現場で自己に向き合い未熟と感じる者もいる
- 排泄介助や辛い仕事を無理だと思う者が出る

2 リアリティショックが長引く
- 認知症の方に拒否されてトラウマになった
- 傷ついた気持ちを表に出す迄に時間がかかる

→ 生徒のゆらぎ

⑦ 福祉教育を広げていこう

- 小中や普通科などに福祉教育を広げると良い
- 福祉教育をどうするか現場の声を発信しよう。

→ 発信

⑥ 福祉教育の価値の確認が必要だ

- 介護福祉士レベル到達点と倫理はどこで線を引くか
- 生徒の個人情報保護や実習など悩みは深い
- 原点を見失わず教員同士で話し合いたい。

→ 価値の確認

⑤ つまずいた生徒の指導に苦慮している

1 生徒の実習指導に苦慮する
- 実習対応や指導が大変になってきている
- 多忙で実習のつまずきに即対応できない

2 リスクの受け皿に悩む
- 専門高校で馴染めない生徒をどう救済するか
- 必要な場合は単位読み換え等で転校できると良い
- 実習でトラブルがあり施設からクレームがきた

→ 教員の苦悩

1) 2012.3.23
2) 美浜
3) 教員調査
4) 岡多枝子

図3-1　KJ法全体図解「福祉系高校教員」

い直し,〈福祉教育の価値の確認が必要だ〉とするとともに,福祉教育の意義に照らして,普通教育のなかにも〈福祉教育を広げていこう〉とするメッセージも発せられた。以上のように,『生徒の自立を支える福祉系高校教員』の生の姿と声が浮上した。従って,志は以下のとおりである。

「福祉系高校教員」によると,入学する生徒の多くが《福祉に親和性》を持ち,高校と福祉現場の《連携の好循環》によって,職業の基礎力や人間的成長などの《実学の強さ》に結びつくとする。しかし,《生徒のゆらぎ》を支援する《教員の苦悩》も示され,福祉教育の《価値の確認》や再構築を《発信！》するなど,【自負・苦悩・普遍性】が語られた。

注)
1) 本調査は筆者が単独で行い,2011 日本福祉教育・ボランティア学習学会,2011 全国福祉高等学校長会などで中間まとめの報告を行った。
2) 福祉系高校創設時に国が想定した「2つのタイプ」(介護福祉士等の資格を取得して卒業と同時に福祉分野等で働く福祉就職と,大学等でさらに専門性を身につける福祉進学)以外の進路(一般進路・未定等)が一定割合存在し,福祉系高校が福祉社会を構成する市民を育てる役割の一翼を担っていることが明らかになった。

第4章
高校の特性によるメゾレベルの量的レリバンス

第1節 本章の目的

本章では，介護福祉士国家試験受験資格の取得を目指す福祉系高校（以後，本書では必要に応じて「資格校」とする）とそれ以外の福祉系高校（以後，本書では必要に応じて「教養校」とする）に関して，メゾレベルとしての福祉系高校のレリバンスを検討する。高校の資格取得タイプとの関連において，生徒の入学動機や実習経験，進路選択の推移と満足度及び評価等を分析することにより資格校と教養校のレリバンスの特性を明らかにする。

第2節 生徒に対する質問紙調査

第1項 調査の概要
(1) **調査の目的**

本調査は，福祉系高校に在籍する高校3年生を対象とした全国調査である。高校福祉教育の当事者である福祉系高校生を対象とした全国的調査はこれまで実施されておらず，生徒自身の福祉に対する思いや入学動機と進路選択の関係も客観的に明らかにされてこなかった。従って，福祉系高校への入学動機の差異に応じた適切な進路選択支援についても十分な議論がなされていない現状にある。そこで，生徒の入学動機が福祉教育や進路選択とどのような関係があるのかを明らかにする目的で，本調査に取り組むこととした。調査の具体的な目

的は以下の7点である。

　第1に，福祉系高校に入学する生徒の入学動機を明らかにすることである。社会保障審議会福祉部会(2006)に全国福祉高等学校長会が提出した報告資料によると，福祉系高校生は，「中学在学中に抱いた福祉という自分の将来を，確固たる信念で貫き通している者が多い」とされている[1]。また，現場の教師は，「高校福祉科には，中学校時代までの生活の中で福祉に興味を持ち，人のために何かしたい，人に必要とされたいという思いを持った生徒たちが集まる」と報告している。しかし，入学動機の詳細な内容や，その結果に基づく検討は行われていない。また，どのような入学動機を持っている者がどのような姿勢で福祉を学び，卒業時にどのような進路選択を行うかを明らかにすることは，学習者理解とレディネス(学習への準備状態)の把握の観点から福祉系高校における教育を設計する上で，重要な命題である。

　第2に，福祉系高校で現場実習に臨む生徒の状況を明らかにすることである。福祉現場における実習は，「知識や技術などを実際に即して『学び替える』体験の機会」(田中 2008)であり，「職業体験の第1歩となる"実習"の意味は大きく，『実習においていかに学ぶか』ということがやはり就業までの意欲につながる」(村田 2009)とされる。しかし，福祉系高校生が，どのような実習不安をもち，どのような感動体験を経て進路選択に結びつくか等に関する全国調査は行われてこなかった。そこで，調査を通して，生徒が実習現場で直面する困難や，他者との出会いによる成長を検討することは重要な研究課題であると考える。

　第3に，高校時代の進路選択希望推移と卒業時の進路選択の状況を明らかにすることである。前述の報告資料(全国福祉校長学校長会 2006)によると，福祉系高校のうち，福祉科を卒業した生徒の2005年度の進路は，進学者が46.6％，就職者が47.5％であり，進学者に占める福祉進学は62.8％，就職者における福祉就職は79.9％を占めている。この結果から，福祉系高校生が卒業時に福祉系の進路を選択する傾向が強いことが明らかにされている。しかし，入学から3

年間の間にどのような経緯で進路選択希望が推移するか，希望の維持や変更はどの時期に多い傾向があるか等の詳細な検討は行われていない。特に，進路選択に大きな影響を与えるとされる実習前後での変化を精査することは，生徒のキャリア形成を検討する上で重要である。従って，在籍する3年間を，① 入学時，② 2年生の実習前，③ 2年生の実習後，④ 3年生の実習前，⑤ 3年生の実習後，⑥ 卒業時，の6段階に分けて，その時々の進路選択の推移を明らかにしたい。

　第4に，卒業時に選択した自己の進路選択に対する，結果としての満足度を明らかにすることである。進路選択への満足度は，福祉系高校の「レリバンス」に対する，当事者評価を問うものであり，重要な視点である。特に，入学動機の明確な者と曖昧な者，実習経験への取り組み方の相違，進路選択のタイプによる進路選択満足度にどのような差異があるのかを明らかにすることは，目的と内容と結果の適合性を明確に把握する上でも重要である。

　第5に，福祉系高校での3年間の生活に対する評価を明らかにすることである。生徒による高校福祉教育への評価は，本研究のテーマである福祉系高校の「レリバンス」に対する当事者評価を問うものであり，重要な視点である。

　第6に，生徒の性差によるキャリア形成の特徴を明らかにすることである。福祉分野の業務は対人援助を伴う重労働であり，一方では，職務内容に見合うだけの待遇や労働条件が整備されていない職域でもある。このため，生徒自身が希望する職務内容として性差があるかどうか，また，社会的な職位として性差が存在するのかを検討することは重要であると考える。

　第7に，以上の観点を総合した検討を行うことで，福祉系高校生のキャリアの形成と実現の内実を明らかにするとともに，福祉系高校の「レリバンス」を総合的に検討することである。具体的には，生徒の入学動機と実習経験，進路選択の推移の関係を軸とする。次に，生徒自身の立場からの自己評価や満足度，性差及び高校の資格取得タイプによる特徴を検討し，生徒の入学動機・実習経験・進路選択を中心とした福祉系高校の「レリバンス」に関する新たな知見を

得ることを目的とする。

　以上のように，福祉系高校のレリバンスを検討することを目的として，2007年に福祉系高校生を対象とした質問紙による全国調査を実施した。[2]

(2) 調査の方法と内容

　調査方法は，全国福祉高等学校長会の協力を得て全加盟校(233校)に調査を依頼した。調査対象は，全加盟校(233校)に在籍する高校3年生(5,940名)であり，福祉系高校生を対象とした初めての全国調査である。

　調査時期は2007年2月。無記名自記式の独自の質問紙を用いた。各校で教員が教室において集合調査を実施した後，調査票を郵送により返送していただいた。

　調査票作成にあたっては，文献検討及び資料調査や福祉系高校生・卒業生・教員・管理職及び福祉教育政策立案や教育行政に携わる者へのヒヤリングとインタビューを行った。その結果，進路選択に影響を与えた要素として入学動機や実習経験，カリキュラムや性別が上位に上がった。次に，福祉系高校に勤務する教員や福祉系高校を卒業した大学院生など4名によるブレーンストーミングを実施した結果，質問項目として妥当であると合意できた①入学動機，②福祉系高校への評価，③実習経験，④進路選択，⑤性別等の項目を採用して調査票を作成した。調査票には，職員や利用者からの学びや感動体験，福祉現場で働くことへの意欲等の肯定的項目だけでなく，実習中の不安感，福祉現場の厳しさや自己の力量不足への認識等を質問項目に設定した。その後，2006年2月に38名，と2007年1月に36名の高校3年生を対象にプレテストを実施した。プレテストの結果は，社会福祉学や統計学を専門とする研究者等と検討を行った。イエス／テンデンシーを避ける配慮や福祉系高校への総合的評価，実習経験と進路選択との関連に関する自由記述欄を追加して，生徒が実習経験を通して進路選択への意識や行動の変容を認識しているか把握することとした。最終的に，①入学動機，②福祉系高校への評価，③実習経験，④進路選択，

⑤進路選択への満足度，⑥職業選択時に重視する事項，⑦性格，⑧実習と進路の関係に関する自由記述，⑨性別等から構成される質問紙を作成した(巻末資料1)。

(3) 倫理的配慮及び検討方法

　調査に用いた質問紙は倫理的配慮のもとに調査票を作成し，調査票冒頭で調査の趣旨・目的と生徒が不利益を受ける事はない旨を明記した。福祉系高校校長や教員，社会福祉学研究者から倫理上の問題がないとの確認も得た。本調査の実施及びデータの回収・検討に際して，対象者の人権及びプライバシーには十分配慮をした。

　本調査は無記名式自由回答であり，データは統計的に処理され，個人情報が漏れたり生徒が不利益を受けたりする可能性もないことから倫理上の問題はないと判断した。

　研究方法は，福祉系高校生の入学動機と実習経験・進路選択や3年間の福祉教育の評価に対する「レリバンス」の差異についてSPSS ver. 21.0, Excelを用いて度数分布や因子分析，クロス集計におけるカイ2乗検定等を行い各「レリバンス」との有意な関連のある項目を検討した。

第2項　回答状況

(1) 調査票の回収率

　調査票の回収状況は，全国福祉系高等学校長会全加盟校(233校)のうち高校3年生が在籍する218校中149校から計4,127名の返送を得た。回収率は68.3%である[3]。内訳は，男子659名，女子3,256名，未記入212名であった。また，福祉系高校の資格取得タイプは，介護福祉士養成高校(資格校)が121校，それ以外(教養校)が28校であった。以下，本研究テーマに焦点化した結果を述べる。

第3節 福祉系高校の資格取得タイプとメゾレベルのレリバンス

第1項 調査の目的

　本章に関する調査の目的は以下のとおりである。福祉系高校は,「社会福祉士及び介護福祉士法」に定められたカリキュラムに則り介護福祉士養成校としての専門教育を行っている資格校と,介護福祉士の養成を行わず幅広く教養としての福祉を学ぶ教養校に大別される。資格校は専門的福祉教育を行うために高等学校専門教科「福祉」カリキュラムはもとより,教員数や施設設備等も国の基準に基づいて一定の質を担保している。一方の教養校は,学校設定科目等,比較的自由な教育内容を特徴としている。従って,資格取得の有無に関する異同を明らかにすることは,地域や社会における福祉系高校の位置を確認する上でも意義があると考える。そこで高校の資格取得タイプに関する検討を行い,資格取得タイプによってどのように生徒の進路選択プロセスが異なるのかを明らかにする。

第2項 高校の資格取得タイプと生徒の入学動機

　メゾレベルの高校の資格取得タイプ(資格校か教養校)による入学動機差異の概要を検討した。その結果,有意差が見られた入学動機のうちで資格校には「福

表4-1　高校の資格取得タイプと入学動機　(%)

入学動機	資格校	教養校	
福祉の資格	1,669 (50.7)	286 (37.3)	***
福祉の進路	1,310 (39.8)	301 (39.3)	―
福祉の勉強	1623 (49.3)	417 (54.4)	**
周囲の勧め	583 (17.7)	97 (12.7)	***
普通科が嫌	353 (10.7)	62 (8.1)	*
何となく	322 (9.8)	78 (10.2)	―
その他	201 (6.1)	41 (5.4)	―

注) $^*P<.05$　$^{**}P<.01$　$^{***}P<.001$

祉の資格」と「周囲の勧め」「普通科が嫌」が，教養校には「福祉の勉強」が高い傾向が見られた。しかし，「福祉の進路」「何となく」「明確・曖昧」は高校の資格取得タイプ間に有意差がみられなかった（表4-1）。このことから，資格校には資格取得を目指して本人だけではなく周囲の勧めも含めて入学への熱意が感じられる。これに対して，教養校へは本人の意思で福祉を勉強する為に入学する傾向があるといえる。

第3項 高校の資格取得タイプと生徒の実習経験

実習経験で「強く思った」とする割合は，2年実習における資格校の「不安」の高さが際立っており，以下，「福祉現場の厳しさ」「職員に学ぶ」「技術の未熟さ」が同傾向にある。3年実習では，「不安」は急減し，職員や利用者からの学びが特に資格校に顕著である。

2年・3年ともに，「福祉就職は無理だと思った」以外は資格校の平均値が高い傾向が見られた。しかし，項目別にみると，実習不安は資格校と教養校の差

表4-2 高校の資格取得タイプと実習経験（「強く思う」の割合） (%)

実習経験（項目別）	資格校			教養校		
	2年実習	3年実習		2年実習	3年実習	
不安でいっぱいだった	2,068(63.1)	963(29.7)	***	304(39.6)	120(19.2)	***
感動的な経験をした	980(29.9)	1,494(46.1)	***	163(21.3)	180(28.8)	***
知識不足を感じた	1,629(49.7)	1,005(31.0)	***	272(35.5)	149(23.9)	***
福祉現場の厳しさを知った	2,023(61.7)	1,601(49.4)	***	396(51.6)	241(38.7)	***
職員から学ぶことがあった	1,988(60.7)	1,958(60.5)	***	373(48.7)	298(48.0)	***
福祉現場で働きたいと思った	829(25.4)	1,089(33.6)	***	154(20.2)	161(26.0)	***
反省することが多かった	1,704(52.0)	1,397(43.1)	***	281(36.6)	180(28.9)	***
福祉就職は無理だと思った	359(11.0)	356(11.0)	***	119(15.6)	87(14.0)	***
利用者に学ぶことがあった	1,852(56.6)	1,844(56.9)	***	314(41.0)	240(38.6)	***
技術の未熟さを感じた	1,991(60.9)	1,369(42.2)	***	365(47.8)	208(33.3)	***
福祉の理念を理解できた	828(25.3)	966(31.4)	**	145(18.9)	132(21.0)	**
将来の進路選択に役立った	1,367(41.8)	1,520(49.5)	***	247(32.3)	217(34.5)	***

注）$**P<.01$　$***P<.001$

表4-3　高校の資格取得タイプと実習経験 (%)

実習経験		資格校	教養校	
2年	能動	1,889(58.3)	332(43.7)	***
	反省	1,839(56.5)	283(37.2)	***
3年	能動	1,665(54.9)	219(36.1)	***
	反省	1,465(45.5)	201(32.4)	***

注) ***$P<.001$

が減少しているのに対して，感動体験は資格校と教養校の開きが拡大している。このことから，資格校での実習においては，2年生での不安が3年生では減少しており，逆に感動的体験の機会は増加している。このような実習経験における体験の質の違いが進路選択にどのように影響しているのかが注目される（表4-2, 表4-3）。

第4項 高校の資格取得タイプと生徒の進路選択

(1) 高校の資格取得タイプと生徒の進路選択（3年間）

　図4-1, 図4-2は福祉系高校の資格取得タイプ（資格校か教養校）による進路選択の推移である。資格校と教養校における3年間の進路選択の推移をみると，資格校では福祉就職が最多で福祉進学が続く。特に福祉就職は入学時から3年実習前まで漸減するが3年実習後から増加に転じ，卒業までその傾向が続く。一方，教養校では福祉進学が最多で一般系が続き，福祉就職と未定が減少する形で推移する。特に資格校に比べて一般系進路は2年実習後からの増加が顕著である。

(2) 高校の資格取得タイプと進路選択の推移（入学時と卒業時）

　進路選択の推移（入学時と卒業時）を，高校の資格取得タイプとの関係で検討する。「福祉から福祉」は，資格校(54.6%)が教養校(41.2%)より高い。「福祉から一般」は，教養校(26.5%)が資格校(18.1%)より高い。「一般から福祉」は，

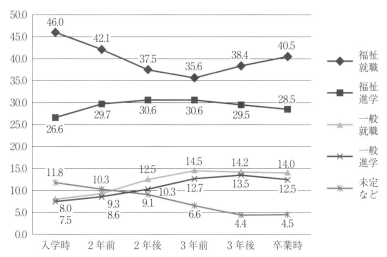

図 4-1 福祉系高校生（資格校）の進路選択プロセス（値は％）

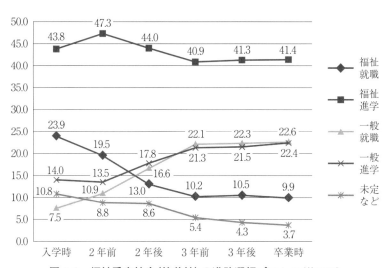

図 4-2 福祉系高校生（教養校）の進路選択プロセス（値は％）

表4-4 高校の資格取得タイプと進路選択プロセス
(%)

進路選択推移	資格校	教養校	
福祉/福祉	1,708(54.6)	314(41.2)	***
福祉/一般	566(18.1)	202(26.5)	***
一般/福祉	447(14.3)	77(10.1)	***
一般/一般	406(13.0)	170(22.3)	***

注) ***P<.001

資格校(14.3%)が教養校(10.1%)より高い。「一般から一般」は，教養校(22.3%)が資格校(13.0%)より高い。このことから，資格校では福祉系進路を維持するだけではなく，一般系進路を考えていた者が3年間の福祉教育を経て福祉系進路に変更する傾向が見られた。一方，教養校では入学当初の一般系進路を維持する者と，福祉系進路から一般系進路に変更する者の割合が高い傾向が見られた(表4-4)。

第5項 高校の資格取得タイプと高校評価

福祉系高校の資格取得タイプと福祉系高校での3年間に対する評価の関係をみると，「進路に役立たなかった」「充実感がなかった」という否定的評価は教養校が高く，それ以外は資格校が高い結果となっている。しかし，「入学を後

表4-5 高校の資格取得タイプと高校評価
(%)

高校生活への評価	資格校	教養校	
進路選択に役立たない	223(6.7)	64(8.3)	***
充実感がない	119(3.6)	35(4.5)	***
資格が取れてよかった	1,678(52.1)	344(46.6)	***
入学して後悔した	148(4.5)	24(3.1)	*
福祉の勉強ができた	1,860(56.2)	292(37.8)	***
将来の人生に役立つ	2,003(60.5)	333(43.1)	***
全体として有意義だった	1,173(35.5)	224(29.1)	**

注) *P<.05 **P<.01 ***P<.001

悔した」という否定的評価とも解釈される項目は，資格校の方が高い結果となっている。従って資格校の生徒は，「資格が取れて良かった」「福祉の勉強ができた」「将来の人生に役立った」等と，肯定的評価をしている反面，それらの成果に到達するまでに「入学を後悔」する程の困難や苦労を経験したことが推察される（表4-5）。

第4節 高校の資格取得タイプと生徒の職業的発達

第1項 高校の資格取得タイプと入学動機・実習経験

　実習経験において能動性が高い（2年・3年とも）傾向がみられるのは，資格校の入学動機（福祉志向性）が明確なグループであり，次いで教養校の入学動機（福祉志向性）が明確なグループである。一方，反省性が高い（2年・3年とも）傾向がみられるのは，資格校の入学動機（福祉志向性）が明確なグループであり，次いで資格校の入学動機（福祉志向性）が曖昧なグループである（表4-6）。

第2項 高校の資格取得タイプと実習経験・進路選択プロセス

　実習経験における能動性・反省性を，高校の資格取得タイプとの関係で検討する。2年生の実習で「福祉から福祉」の能動性は，資格校（71.3％）が教養校

表4-6　高校の資格取得タイプと動機，実習経験　(%)

入学動機	実習経験		資格校		教養校	
明確	2年	能動性高い	1,708 (65.5)	***	301 (49.3)	***
		反省性高い	1,527 (58.2)	***	238 (38.8)	***
	3年	能動性高い	1,494 (60.8)	***	198 (40.3)	***
		反省性高い	1,207 (46.4)	—	177 (35.5)	***
曖昧	2年	能動性高い	172 (28.2)	***	30 (21.7)	***
		反省性高い	304 (49.9)	***	42 (30.4)	***
	3年	能動性高い	164 (29.3)	***	18 (16.7)	***
		反省性高い	251 (42.0)	—	22 (19.5)	***

注）***$P<.001$

表4-7 高校の資格取得タイプと実習経験・進路選択 (%)

実習経験		資格校の進路選択(入学と卒業)				教養校の進路選択(入学と卒業)			
		福祉/福祉	一般/福祉	福祉/一般	一般/一般	福祉/福祉	一般/福祉	福祉/一般	一般/一般
2年	能動	1,193 (71.3)	245 (56.1)	233 (42.0)	112 (29.2) ***	198 (63.9)	46 (61.3)	60 (30.6)	26 (15.7) ***
	反省	971 (57.6)	266 (60.6)	305 (55.0)	185 (47.7) **	117 (38.1)	30 (39.5)	77 (38.9)	56 (33.3) **
3年	能動	1,128 (67.5)	245 (56.3)	182 (34.3)	96 (25.6) ***	138 (55.9)	29 (48.3)	38 (22.5)	13 (10.6) ***
	反省	788 (46.8)	198 (45.1)	243 (45.5)	147 (38.6) **	86 (34.5)	27 (45.0)	59 (33.5)	28 (22.2) **

注) **$P<.01$ ***$P<.001$

(63.9%)より高く,「福祉から一般」の能動性も,資格校(42.0%)が教養校(30.6%)より高い。「一般から福祉」の能動性は,教養校(61.3%)が資格校(56.1%)より高く,「一般から一般」の能動性・反省性は,資格校(29.2%)が教養校(15.7%)より高い。全般に資格校では能動性・反省性が高い者が「福祉から福祉」の進路選択が多い。

第3項 高校の資格取得タイプと入学動機・進路満足度

資格校は勉強を入学動機とした者の満足度が高く,教養校は進学を入学動機とした者の満足度が高い傾向が示された。資格校の生徒は福祉就職が多い事から,現場に入職することへの不安感や家庭の経済状況等の理由で進学ができず選択肢が限られていた者が含まれていると推察される(表4-8)。

第4項 高校の資格取得タイプと実習経験・進路満足度

資格校でも教養校でも能動性の高い者は満足度が高く能動性が低い者は満足度が高くない。即ち,実習経験と進路満足度は関係があるが,高校の資格取得タイプは関係が薄い(表4-9)。

第4章 高校の特性によるメゾレベルの量的レリバンス 59

表4-8 高校の資格取得タイプと入学動機，進路満足度 (%)

高校	資格校の入学動機		教養校の入学動機		
進路選択満足度	明確	曖昧	明確	曖昧	
非常に満足	1,011(40.6)	149(25.7)	250(41.3)	33(23.9)	***
やや満足	969(38.9)	176(30.3)	221(36.5)	45(32.6)	***
どちらともいえない	423(17.0)	194(33.4)	102(16.8)	42(30.4)	***
あまり満足していない	63(2.5)	34(5.9)	23(3.8)	11(8.0)	***
全く満足していない	26(1.0)	27(4.7)	10(1.7)	7(5.1)	***

注）入学動機は福祉志向性で区分　　***$P<.001$

表4-9 高校の資格取得タイプと実習経験・進路満足度 (%)

	高校	資格校				教養校			
	実習	2年		3年		2年		3年	
	進路満足度	能動	反省	能動	反省	能動	反省	能動	反省
能動反省が高い	非常に満足	856 (48.4)	695 (40.5)	814 (49.6)	552 (40.3)	856 (48.4)	113 (40.8)	117 (55.2)	78 (40.2)
	やや満足	644 (36.4)	615 (35.9)	588 (35.8)	480 (35.0)	644 (36.4)	98 (35.4)	68 (32.1)	68 (35.1)
	どちらともいえない	240 (13.6)	321 (18.7)	216 (13.2)	271 (19.8)	240 (13.6)	49 (17.7)	19 (9.0)	35 (18.0)
	あまり満足していない	22 (1.2)	54 (3.1)	19 (1.2)	45 (3.3)	22 (1.2)	13 (4.7)	5 (2.4)	9 (4.6)
	全く満足していない	8 (0.5)	30 (1.7)	5 (0.3)	23 (1.7)	8 (0.5)	4 (1.4)	3 (1.4)	4 (2.1)
		***	*	***	—	***	—	***	—
能動反省が低い	非常に満足	289 (23.1)	456 (34.4)	313 (23.4)	588 (35.9)	289 (23.1)	169 (36.7)	112 (29.8)	152 (37.5)
	やや満足	485 (38.7)	523 (39.4)	532 (39.7)	646 (39.5)	485 (38.7)	167 (36.2)	144 (38.3)	149 (36.8)
	どちらともいえない	363 (29.0)	285 (21.5)	374 (27.9)	323 (19.7)	363 (29.0)	93 (20.2)	91 (24.2)	78 (19.3)
	あまり満足していない	74 (5.9)	42 (3.2)	76 (5.7)	51 (3.1)	74 (5.9)	20 (4.3)	19 (5.1)	17 (4.2)
	全く満足していない	42 (3.4)	21 (1.6)	44 (3.3)	28 (1.7)	42 (3.4)	12 (2.6)	10 (2.7)	9 (2.2)
		***	*	***	—	***	—	***	—

注）*$P<.05$　　***$P<.001$

第5項 高校の資格取得タイプと実習経験・高校評価

表4-10の高校の資格取得タイプと実習経験（2年能動・反省）・高校評価において，すべての項目の中で，最も高い値であったのは介護福祉士国家試験受験資格の取得を目指す福祉系高校の2年「能動性」の高い集団の「将来の人生」(80.6%)であり，次いで介護福祉士国家試験受験資格の取得を目指さない福祉系高校の2年「能動性」の高い集団の「将来の人生」(71.4%)と，資格校の2年「能動性」の高い集団の「勉強できた」(73.4%)であった。一方で，最も低い値を示したのは教養校の2年「能動性」の高い集団の「入学後悔」(2.1%)であり，次いで資格校の2年「能動性」の高い集団の「充実感なし」(3.0%)であった。どの集団においても「将来の人生」「勉強できた」「資格良かった」が高い値を示している。逆に，どの集団においても「入学後悔」「充実感なし」「進路役立たず」が低い。ただし，「反省性」「能動性」が高い集団より低い集団の方が「入学後悔」「充実感なし」「進路役立たず」が高い傾向にある。

高校の資格取得タイプと実習経験（3年能動・反省）・高校評価において，すべての項目の中で最も高い値であったのは資格校の3年「能動性」が高い集団の「将来の人生」(83.7%)であり，次いで教養校の3年「能動性」の高い集団の「将来の人生」(74.0%)と資格校の3年「能動性」が高い集団の「勉強できた」(76.4%)であった。一方で，最も低い値を示したのは，教養校の3年「能動性」の高い集団の「入学後悔」(1.4%)であり，次いで資格校の3年「能動性」の高い集団の「充実感なし」(2.7%)であった。どの集団においても「全体」「将来の人生」「勉強できた」「資格良かった」が高い値を示しており，逆に「入学後悔」「充実感なし」「進路役立たず」は低い傾向にある。この低い傾向にある項目については，「反省性」の高低によってそれほどの変化はみられないが，「能動性」の高低によっては変化がみられる。

表 4-10　高校の資格取得タイプと実習経験・高校評価　　(%)

高校	資格校				教養校			
実習	2年能動		2年反省		2年能動		2年反省	
高校評価	低い	高い	低い	高い	低い	高い	低い	高い
2年 進路選択に役立たない	83 (6.2) ***	132 (7.0)	103 (7.3) ***	112 (6.1)	22 (5.2) ***	41 (12.3)	38 (8.0) ***	25 (8.9)
充実感がなかった	59 (4.4) ***	56 (3.0)	46 (3.2) ***	68 (3.7)	15 (3.5) ***	19 (5.7)	22 (4.6) ***	12 (4.3)
資格が取れて良かった	419 (32.0) ***	1,237 (67.2)	621 (45) ***	1,041 (58.4)	137 (33.3) ***	205 (65.9)	171 (37.7) ***	170 (62.7)
入学して後悔した	98 (7.3) ***	45 (2.4)	68 (4.8) ***	76 (4.1)	16 (3.8) ***	7 (2.1)	14 (2.9) ***	10 (3.6)
福祉の勉強ができた	441 (32.8) ***	1,385 (73.4)	667 (47.2) ***	1,172 (63.8)	89 (20.9) ***	202 (60.8)	148 (31.1) ***	140 (49.6)
将来の人生に役立つ	448 (33.2) ***	1,520 (80.6)	719 (50.8) ***	1,262 (68.7)	91 (21.4) ***	237 (71.4)	175 (36.8) ***	151 (53.5)
全体として有意義だった	202 (15.0) ***	948 (50.4)	398 (28.2) ***	759 (41.4)	66 (15.5) ***	155 (46.8)	112 (23.5) ***	109 (38.8)
3年 進路選択に役立たない	78 (5.7) ***	120 (7.2)	120 (6.8)	96 (6.6)	24 (6.2) ***	28 (12.8)	34 (8.1) **	21 (10.5)
充実感がなかった	58 (4.2) ***	45 (2.7)	50 (2.8) ***	64 (4.4)	19 (4.9)	11 (5.0)	18 (4.3)	13 (6.5)
資格が取れて良かった	433 (32.5) ***	1,122 (69.2)	817 (47.6) ***	836 (59.1)	143 (38.1) ***	135 (64.6)	158 (39.2) ***	127 (65.1)
入学して後悔した	88 (6.5) ***	32 (1.9)	74 (4.2) **	65 (4.5)	17 (4.4)	3 (1.4)	14 (3.4)	6 (3.0)
福祉の勉強ができた	471 (34.5) ***	1,270 (76.4)	890 (50.8) ***	949 (64.8)	89 (23.1) ***	143 (65.3)	135 (32.4) ***	104 (52.0)
将来の人生に役立つ	479 (35.0) ***	1,391 (83.7)	958 (54.5) ***	1,012 (69.3)	108 (28.0) ***	162 (74.0)	165 (39.5) ***	111 (55.5)
全体として有意義だった	207 (15.2) ***	881 (53.1)	541 (30.9) ***	613 (42.0)	66 (17.1) ***	111 (50.9)	91 (21.8) ***	91 (45.7)

注）数値は実数(%)　　**P<.01　***P<.001

第6項 高校の資格取得タイプと進路選択・高校評価

　生徒が高校生活に対してどのように評価しているかが，在籍する高校の資格取得タイプの違い，及び入学時と卒業時の進路選択とどのように関係するのかを検討した。表4-11は，資格校と教養校の進路選択タイプ（入学時と卒業時）による高校生活への評価の各項目に「強く思う」と答えた者を示している。表をみると，資格校の入学時も卒業時も福祉系進路を希望する「福祉から福祉」のグループが，高校生活が「将来の人生」に役立つと強く思うとする割合（71.9％）が最も高い値を示している。次に評価が高いのは，資格校の「福祉から福祉」のグループが高校生活を「勉強できた」とする値であった。一方，最も評価の値が低かったのは，教養校の「福祉から福祉」のグループが高校生活に対して「入学後悔」とする割合（1.6％）であり，次いで資格校の「福祉から福祉」のグループが高校生活を「充実感なし」とする値であった。

表4-11　高校の資格取得タイプと進路選択別の高校評価（「強く思う」の割合） (％)

高校	資格校				教養校			
進路選択プロセス（入学時と卒業時）	福祉/福祉	福祉/一般	一般/福祉	一般/一般	福祉/福祉	福祉/一般	一般/福祉	一般/一般
進路選択に役立たない	111 (6.5)	33 (5.9)	24 (5.4)	40 (9.9) ***	30 (9.6)	14 (6.9)	11 (14.5)	9 (5.3) ***
充実感がない	32 (1.9)	27 (4.8)	17 (3.8)	34 (8.5) ***	11 (3.5)	7 (3.5)	8 (10.5)	9 (5.3) **
資格が取れてよかった	1,007 (60.6)	219 (39.8)	224 (51.3)	132 (33.9) ***	166 (56.5)	83 (43.5)	36 (47.4)	55 (33.5) ***
入学して後悔した	41 (2.4)	40 (7.1)	16 (3.6)	32 (7.9) ***	5 (1.6)	9 (4.5)	1 (1.3)	9 (5.3) ***
福祉の勉強ができた	1,129 (66.2)	253 (44.9)	229 (51.5)	144 (35.8) ***	149 (47.6)	69 (34.3)	29 (38.2)	42 (24.7) ***
将来の人生に役立つ	1,225 (71.9)	271 (48.0)	260 (58.4)	144 (35.6) ***	174 (55.8)	72 (35.6)	38 (50.0)	46 (27.1) ***
全体として有意義だった	710 (41.8)	157 (27.8)	153 (34.3)	94 (23.4) ***	119 (38.1)	50 (24.9)	18 (23.7)	36 (21.2) ***

注）**$P<.01$　***$P<.001$

どの集団においても,「全体」「将来の人生」「勉強できた」「資格良かった」が高く評価されている。逆に,「入学後悔」「充実感なし」「進路役立たず」は低い傾向にある。「福祉から一般」「一般から一般」進路の集団では「進路役立たず」が高い傾向にある。「福祉から福祉」「一般から福祉」進路の集団では「将来の人生」が最も評価されている。教養校においては,どの集団でも「入学後悔」が最も低い値を示している。資格校においては,どの集団でも「将来の人生」が最も高い値を示している。

第5節 考　察

第1項 福祉系高校の資格取得タイプとレリバンス

(1) 高校の資格取得タイプと生徒の入学動機

　福祉系高校生の入学動機のうちで「福祉の資格」「周囲の勧め」「普通科が嫌」は資格校に,「福祉の勉強」は教養校に多い傾向が見られた。従って,資格校の生徒は介護福祉士国家資格を取得する目的や周囲の勧め,普通科を忌避する気持ちによって福祉系高校を選択していると考える。これに対して,教養校の生徒は福祉系大学などへの進学を見通した上で,高校時代に福祉の基礎的な勉強をする目的で入学する生徒や,福祉の勉強自体に興味や関心を抱いて福祉系高校を選択する者が多い。一方,「福祉の進路」という入学動機に関して両校の間に有意差は見出されなかった。このことから福祉系高校の資格取得タイプと生徒の入学動機は,資格の有無や勉強への志向性が関係しており,「資格校へは資格取得のために,教養校へは勉強のために」入学する者が多いといえよう。以上のことから,資格校,教養校それぞれに入学する生徒の目的を叶える教育課程や高校生活を準備することにより,学習者のレディネスやニーズに合致した教育成果をあげることが期待される。

(2) **高校の資格取得タイプと生徒の実習経験**

　生徒の実習経験では「福祉就職は無理」以外は資格校の値が高い結果であり，実習によって内面に大きく影響を受けていた。なかでも，資格校では2年実習に比して3年実習の不安感の減少が大きく，感動的体験の増加も大きい傾向が見られた。さらに，能動性と反省性に関して高校の資格取得タイプと学年推移をみると，両校ともに2年より3年が能動性も反省性も低下していた。しかし，資格校の生徒は教養校の生徒に比して能動性の減少が低く，反省性の減少が高い傾向が見られた。従って福祉系高校の資格取得タイプと生徒の実習経験は，学年や体験内容との関係が大きく，「資格校では不安も感動も強く，学年が上がると不安感は減少して感動体験は増加する」傾向が見られた。このような傾向は，資格校での実習が教養校より日数も多く，実習内容にもより専門性が求められること，資格校のカリキュラムでは福祉科目が多く実習前後の学習内容が充実していることと関係している可能性がある。

(3) **高校の資格取得タイプと生徒の進路選択**

　福祉系高校生の進路選択は，資格校と教養校で明確な特徴が見られた。資格校では3年間を通して福祉就職が最多で推移するが，教養校では3年間を通して福祉進学が最多となっている。

　資格校は文部科学省の学習指導要領に基づく高等学校専門教科「福祉」の各科目が配置され教育課程が実践されている。それと同時に，厚生労働省の介護福祉士国家試験受験科目としてのカリキュラムが課せられており，他の福祉系高校に比べて専任教員の数や研修体制も整っている。実習施設への巡回や事前事後指導，実習報告会などの取り組みも全校の協力体制も得やすいという条件に恵まれているところが多い。従って，資格校では，資格取得という明確な目的を持って入学してくる生徒に対して，福祉科専任教員が専門的知識・技術の修得と高い倫理観の涵養などを含む幅広い人間性，その基礎となる一般教養を三位一体で組み込んだカリキュラムを展開することが可能であり，またその成

果が本調査結果にも反映している。

　一方，資格を取得しない高校では，専門的知識や技術を修得することよりも幅広い市民教育としての福祉教育の意味合いが強い可能性がある。このため，専門教科「福祉」のうち，「社会福祉基礎」など数科目を履修して福祉進学をする者の他，一般進学や一般就職を選択する者も少なくない。2007 年「社会福祉士及び介護福祉士法」改正に伴う介護福祉士養成カリキュラムの内容が 1800 時間（現場実習 450 時間を含む）に変更されたことにより，介護福祉士養成高校は減少して養成高校以外の福祉系高校が増加すると予測される。従って今後は，福祉系高校において広く福祉を学び福祉進学や一般分野への進路選択を行う生徒に対する国民的教養としての福祉観を培うことも社会的要請となる。その際には，高大接続教育によって諸外国のようにデュアルクレジットシステムによる大学入学前単位取得制度の導入など，新しい時代のニーズに応える教育システムの構築が求められる。

(4) 高校の資格取得タイプと生徒の進路選択の推移（入学時と卒業時）

　生徒の入学時と卒業時の進路選択の推移は，資格校が福祉系を維持する者と一般から福祉系に変更する者が多く，教養校では一般系を維持する者と福祉から一般に変更する者が多い傾向が見られた。このことから，資格校では福祉分野への人材養成を担うだけではなく，高校入学前には福祉系の進路を考えていなかった者が 3 年間の福祉の学びを通して福祉系進路に変更するという成果を収めていることが示された。一方，教養校では一般系進路を変更しなかった者にも福祉を学ぶ機会を提供するという社会的意義がある。しかし同時に，高校入学時に福祉系進路に進む希望を持っていた者が実習や授業を通して，福祉と自己とのミスマッチや困難を痛感して福祉分野からの撤退を決意した可能性がある。これは，教養校だけではなく，資格校にも該当することであるが，その主な理由は以下とおりである。① 福祉分野への進路選択が自己の適職ではないと見極めた場合，② 不十分な福祉教育や不適切な実習経験によって不本意

ながら福祉分野からの離脱をした場合。前者であれば，福祉系高校での学びがフィルター効果となって，将来の離職を防ぐことにもなる。しかし後者の場合は，福祉教育や現場での実習上に不十分さが存在している可能性があり，検証が求められる。

(5) **高校の資格取得タイプと生徒の進路選択満足度**
　福祉系高校生の進路選択への満足度は，資格校と教養校での有意差はみられなかった。従って，福祉系高校生の進路選択満足度は在籍する高校の資格取得タイプには関係なく，他の要因によって影響を受けていると考える。両校の間には入学動機による差異や実習経験による差異があり，進路選択の傾向も異なっていた。そのため，それぞれの入学動機や3年間の学びと卒業時の進路に満足度は影響されていると推察できる。

(6) **高校の資格取得タイプと生徒の高校評価**
　生徒が卒業時に福祉系高校3年間の高校生活をどのように評価しているかを高校の資格取得タイプとの関係でみると，資格校は「福祉の勉強ができた」「資格が取れて良かった」「将来に役立つ」「全体として良かった」が優位であると同時に，「入学を後悔した」が高い結果となっていた。従って資格校の生徒は，一時的にせよ入学を後悔するほどの困難や苦労を経験しながら福祉の勉強や資格取得に取り組んでおり，将来への有用感や全体的な評価が高くなっている。一方教養校の生徒は，「進路に役立たなかった」「充実感がなかった」と答える者の割合が資格校に比して高く，福祉の学びが直接的に自己の進路選択や充実した高校生活に結びつきにくい生徒が資格校より多いことが推察される。

注）
1) 同時に文部科学省は「介護を取り巻く状況の変化に伴う今後の見通し」として，福祉系高校の教育時間数を1190時間から1800時間へ大幅に引き上げ，カリキュ

ラムの抜本的な見直しを行うとした。
2) 2006「全国福祉高等学校長会第12回総会・研究協議会並びに福祉担当教員等研究協議会青森大会要旨集」p.40
3) 本調査は筆者単独で行い，調査結果の概要は2007年8月の全国福祉高等学校長会全国大会で中間発表を行い，2011年8月の全国福祉高等学校長会全国大会で結果をもとにした全体講演を行った。調査時点（2007.2）で新設校や統廃合校等の理由により3年生が在籍していない高校を除外した母数換算。調査時は2・3年生ともに夏休み前後の実習が多かった（全国福祉高等学校長会全国大会情報）。総合学科等福祉系生徒数把握が困難な学校もあるが，返送のあったうちの専門学科福祉科設置校での回収率は9割以上と予測される。

第5章
生徒の学びを巡るミクロレベルの量的レリバンス

第1節 本章の目的

　本章では，福祉系高校生を対象とした質問紙調査の結果をもとに，ミクロレベルとしての生徒の入学動機・実習経験・進路選択のレリバンスに関する量的研究を行う。

　従って，本章の研究の目的は，「福祉系高校生を研究対象とした質問紙調査の結果をもとに，ミクロレベルとしての高校生の入学動機と学習及び進路の各レリバンスを明らかにする」ことである。

　そのために，具体的に以下の研究課題を設定する。①福祉系高校生の入学動機が明確な者と曖昧な者との割合と，実習や進路との関連，②福祉現場における実習経験への取り組み方と，進路選択との関連，③3年間の進路選択プロセスのタイプ，特に入学時と卒業時の進路が変更した者の比較と，2つのタイプを含む卒業時の進路選択の状況，④進路選択に対する満足度と入学動機，実習経験，進路選択との関連，⑤福祉系高校での学びに対する評価と入学動機，実習経験，進路選択との関連，⑥性差と入学動機，実習経験，進路選択との関連，以上の個別課題及び，相互の関連を考察する。

第2節 調査結果の概要

第1項 福祉系高校への入学動機

(1) 項目別の入学動機

表5-1は，福祉系高校生が高校への入学動機として答えた回答数と割合である。最も多いのが「福祉の勉強をしたかったから」(以下，本書では「福祉の勉強」，または「勉強」と表記する)(50.2％)であり，「福祉の資格取得のため」(同，「福祉の資格」，または「資格」)(48.2％)，「福祉の進路に進むため」(同，「福祉の進路」，または「進路」)(39.7％)がこれに続く。一方，「周囲に勧められて」(同，「周囲の勧め」，または「周囲」)(16.7％)や「普通科に行きたくなかったから」(同，「普通科が嫌」，または「普通科」)(10.2％)，「何となく」(9.9％)等は，いずれも回答数の2割以下である。

(2) 入学動機の組み合わせ

表5-2は，福祉系高校生が福祉系高校への入学動機の組み合せとして答えた回答数と割合の上位5項目である。最も多いのは，「資格と進路と勉強(15.0％)」と答えた者であり，以下，「勉強のみ(13.4％)」，「資格のみ(10.0％)」，「進路のみ(9.7％)」，「資格と勉強(7.2％)」が続く。これら上位5項目の合計で，調査対

表5-1 福祉系高校への入学動機 (％)

入学動機	
福祉の資格	1,954(48.2)
福祉の進路	1,610(39.7)
福祉の勉強	2,039(50.2)
周囲の勧め	678(16.7)
普通科が嫌	414(10.2)
何となく	400(9.9)
その他	242(6.0)

注）複数回答

表 5-2　入学動機の組み合わせ　(%)

入学動機の組み合わせ(上位5項目)	
資格と進路と勉強	608 (15.0)
勉強のみ	542 (13.4)
資格のみ	407 (10.0)
進路のみ	392 (9.7)
資格と勉強	292 (7.2)
合計(上位5項目を含む)	4,058 (100.0)

注)　複数回答

象の過半数を超える。特に,「資格と進路と勉強」という福祉志向性項目の全てを選んだ者が最多である。このことから,「福祉を勉強して資格を取得し,福祉系分野への進路選択を行う」という将来に対するキャリア設計を明確に描く者が中核的な存在を占めていることが認められる。そのような生徒にとっては,福祉系高校への入学が,自己の高校生活の「レリバンス」を高める第一歩となる。

(3) **入学動機における福祉志向性**

表5-3は,福祉系高校生の入学動機における福祉への志向性に関する回答数と割合である。福祉系高校への入学動機が「資格・進路・勉強」という福祉への志向性が高い項目のうちから1個~3個を選択した者は81.0%であり,全体の大多数を占めている。一方,それ以外の項目である「周囲」「普通科」「何と

表 5-3　入学動機(福祉の志向性)　(%)

入学動機	
福祉の志向性が明確	3,286 (81.0)
福祉の志向性が曖昧	772 (19.0)
合計	4,058 (100.0)

注)「志向性が明確」は資格,進路,勉強から1個~3個を選択,
　　「志向性が曖昧」は上記以外

なく」「その他」という福祉への志向性が低い項目を選択した者，またはどれも選択しなかった者は，あわせて19.0%である。このことから，福祉系高校への入学生の8割以上が福祉に対する志向性を持っている一方で，2割弱の生徒は福祉に対する志向性が低い状態で入学していることが明らかになった。従って，福祉系高校には福祉教育に対する学習レディネスに差がある生徒が混在している。

第2項 福祉現場での実習経験
(1) **実習経験の学年比**

図5-1, 5-2は，福祉系高校生が福祉現場での実習経験に関する12項目の設問に答えた割合である。福祉系高校生の実習経験には，学年による差異がみられる。2年では「技術の未熟さを感じた」(以下，本書では「技術不足」，または「技

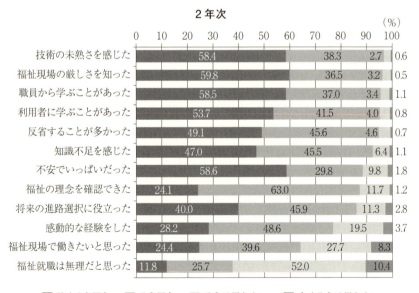

図5-1 2年の実習経験(「強くそう思う」＋「そう思う」)

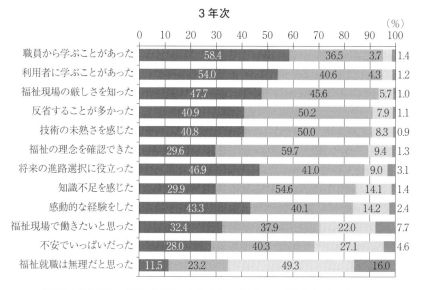

図5-2　3年の実習経験(「強くそう思う」＋「そう思う」)

術」と表記する)が96.7%(「強くそう思う」58.4%＋「そう思う」38.3%,以下同様)と最も高く,次いで「福祉現場の厳しさを知った」(同,「厳しい現場」,または「現場」)(96.3%)であった。3年では「職員に学ぶことがあった」(同,「職員に学ぶ」,または「職員」)(94.9%)が最も高く,「利用者に学ぶことがあった」(同,「利用者に学ぶ」,または「利用者」)(94.6%)が続く。従って,2年では自己の未熟さや現場の厳しさに直面して躊躇する姿がうかがえる。一方3年では,職員や利用者との関わりの中で多くのことを学び,成長している様子が推察できる。また,「強くそう思う」の割合をみると,2年では「不安でいっぱいだった」(同,「強い不安」,または「不安」)が突出して高く(58.6%),逆に「福祉の理念を確認できた」(同,「福祉の理念」,または「理念」)(24.1%)や,「福祉現場で働きたいと思った」(同,「現場で働く」,または「働く」)(24.4%)などの福祉への肯定的な回答は著しく低い。これに比して3年では「将来の進路選択に役立った」(同,「進路に役立つ」,また

は「進路」(46.9%)や「感動的な経験をした」(同,「感動体験」,または「感動」)(43.3%)の2項目が,「強くそう思う」の方が「そう思う」を上回っている。このことから,2年では強い実習不安を感じている者が半数を超えているが,3年では感動体験や進路への有用性など実りのある実習への評価が高いことが示唆された。さらに特筆すべきは,3年で「実習不安」を「強くそう思う」者は28.0%と,「福祉就職は無理だと思った」(同,「福祉は無理」,または「無理」)(11.5%)を除いて最も低いことである。従って,2年から3年へと実習経験を重ねることによって強い不安が急減している。以上のことから2年と3年を比べると,2年は現場の厳しさや自己の未熟さ(知識不足,技術不足)などへの不安感が際立って高いが,3年では利用者や職員からの学びや感動体験,福祉理念の確認など実りある実習を経験していることが明らかになった。

(2) **実習経験の因子分析**

表5-4は,福祉系高校生の実習経験の質問(12項目)に関して,因子分析(主因子法,バリマックス回転)を行った結果であり,2因子12項目を抽出した。両学年の因子抽出結果にほぼ同様の傾向が見られたので,2年実習の結果を示す。因子負荷量は全項目0.51以上,全分散に対する2因子の累積寄与率(説明寄与率)は43.7%である。

各因子は以下のように解釈された。第1因子は,「福祉現場で働きたいと思った」「将来の進路選択に役立った」「福祉就職は無理でない」「感動的な経験をした」「福祉の理念を確認できた」「利用者に学ぶことがあった」「職員から学ぶことがあった」で因子負荷量が高い結果である。従って,福祉現場で利用者や職員とのかかわりを通した感動体験の中で,福祉の理念を改めて確認したり,自らが能動的な学びをしたり福祉分野への進路選択を希望する姿勢から,「**福祉志向・能動**」因子と命名した。第2因子は,「技術の未熟さを感じた」「知識不足を感じた」「反省することが多かった」「福祉現場の厳しさを知った」「不安でいっぱいだった」で因子負荷量が高く,実習に対する不安や,福祉現場の

表5-4 実習因子パターン行列

n = 4,127

因子名	実習経験の項目	因子1	因子2
福祉志向・能動因子	福祉現場で働きたいと思った	**0.759**	0.001
	将来の進路選択に役立った	**0.712**	0.172
	福祉就職は無理でない	**−0.592**	0.237
	感動的な経験をした	**0.577**	0.177
	福祉の理念を確認できた	**0.523**	0.274
	利用者に学ぶことがあった	**0.521**	0.407
	職員から学ぶことがあった	**0.51**	0.41
現実直面・反省因子	技術の未熟さを感じた	0.128	**0.716**
	知識不足を感じた	−0.011	**0.67**
	反省することが多かった	0.261	**0.657**
	福祉現場の厳しさを知った	0.16	**0.611**
	不安でいっぱいだった	0.025	**0.523**
	寄与率(%)	22.4	21.4
	累積寄与率(%)	22.4	43.7

注)因子分析(主因子法,バリマックス回転)

厳しい現実に直面して自己の知識・技術の未熟さに対する反省や葛藤を体験して自己覚知や反省がみられることから,「**現実直面・反省**」因子と命名した。

第3項 福祉系高校生の進路選択

(1) 3年間の進路選択の推移

表5-5と図5-3は,福祉系高校生の進路選択プロセスを調査したものである。入学時から卒業時までの期間のうちで,進路選択に強い影響を与えると考えられる実習の前後を含む6回の時期(入学時,2年最初の実習前,2年最初の実習後,3年最後の実習前,3年最後の実習後,卒業時[1])の進路選択プロセスは,以下のとおりである。

入学時には多い順に福祉就職(41.7%),福祉進学(30.0%),未定(本書では未定とその他を合わせて「未定」,または「未定など」と表記する)(11.6%),一般進学(8.8%),一般就職(7.9%)の順であったが,卒業時には福祉就職(34.5%),福祉進学

表 5-5 進路選択の推移 (%)

進路選択	入学時	2年前	2年後	3年前	3年後	卒業時
福祉就職	1,632(41.7)	1,472(37.6)	1,273(32.6)	1,188(30.8)	1,283(33.3)	1,343(34.5)
福祉進学	1,176(30.0)	1,297(33.2)	1,296(33.2)	1,252(32.5)	1,223(31.7)	1,207(31.0)
一般就職	310(7.9)	375(9.6)	520(13.3)	614(15.9)	605(15.7)	612(15.7)
一般進学	344(8.8)	375(9.6)	461(11.8)	552(14.3)	578(15.0)	562(14.4)
未　　定	455(11.6)	393(10.0)	350(9.0)	245(6.4)	169(4.4)	170(4.4)

注)「2年前」は2年で最初の実習前(以下，同様)

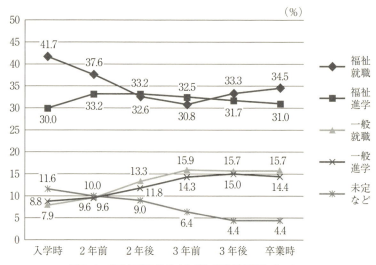

図5-3　福祉系高校生(全体)の進路選択プロセス

(31.0%)，一般就職(15.7%)，一般進学(14.4%)，未定(4.4%)に変化している。

　途中経過をみると，福祉就職は入学時に比べて3年の実習前(30.8%)まで低下するが，3年実習後(33.3%)から増加に転じ，卒業時には約3割強(34.5%)まで回復している。福祉進学は3年間を通じて福祉就職に比較して増減が少なく安定した経過を辿る。福祉就職と福祉進学をあわせた福祉系の進路は65.2%で，前述の社会保障審議会の報告とほぼ一致する結果となっている。一般就職・一般進学はともに入学後に増加するが，3年実習後は横ばい状態である。就職(福

祉就職・一般就職)と進学(福祉進学・一般進学)の進路選択割合では,入学時は就職希望が進学希望を10％以上も上回っているが,その後は減少して3年実習前で進学希望とほぼ同程度の割合となる。しかし3年実習後から卒業時にかけて再び増加して,入学時より多い割合となる。進学希望は入学後増加して3年実習前には就職希望と同程度となるがその後若干減少する。福祉系(福祉就職・福祉進学)と一般系(一般就職・一般進学)の比較では,福祉系進路が減少して一般系進路が増加する。未定は入学時には1割以上(11.6％)あったが,学年の進行とともに減少し,卒業時には当初の半数以下(4.4％)となっている。

(2) 3年間の進路選択の「維持と変更」

表5-6では,福祉系高校生が3年間(入学時,2年生最初の実習前,2年生最初の実習後,3年生最後の実習前,3年生最後の実習後,卒業時のそれぞれの時期)で希望進路がどのように変化したかを検討した。

最も多いのが入学から卒業まで「福祉就職」希望で一貫していた者(14.2％)である(本書では以後,入学時の希望進路を3年間変更しなかった者を「一貫型」と表記する)。続いてほぼ同率で「福祉進学一貫型(13.8％)」が並ぶ。この両者を

表5-6 進路選択の維持と変更 (％)

入学時	2年前	2年後	3年前	3年後	卒業時	
		福祉就職				588(14.2)
		福祉進学				570(13.8)
		一般進学				123(3.0)
		一般就職				100(2.4)
福祉就職		福祉進学				87(2.1)
福祉就職			福祉進学			84(2.0)
福祉就職			一般就職			73(1.8)
福祉就職				福祉進学		61(1.5)
福祉進学				福祉就職		59(1.4)
福祉就職				一般就職		59(1.4)

注)「2年前」は2年で最初の実習前(以下,同様)

合わせると，全体の約3割が福祉就職か福祉進学の希望を3年間一貫して持続している。

以下，「一般進学一貫型(3.0%)」「一般就職一貫型(2.4%)」，福祉就職から福祉進学や一般就職へ変更する者，福祉進学から福祉就職へ変更する者などが続いている。

(3) 入学時と卒業時の進路選択

表5-7は，福祉系高校生が福祉系高校への入学時と卒業時の進路選択(卒業時には進路選択と進路決定を含む)として答えた回答数と割合(以下，本書では進路プロセスと表記する)をそれぞれ「福祉から福祉」，「福祉から一般」，「一般から福祉」，「一般から一般」の4タイプに大別して，検討した。

入学時と卒業時の進路選択の4タイプでは「福祉から福祉」が52.0%と過半数を占めている。続いて「福祉から一般」が19.7%で全体の約2割，「一般から一般」が14.8%と続き，「一般から福祉」は13.5%と最も低い値となっている。

換言すれば入学時と卒業時の進路プロセスが「福祉から福祉」が半数強を占めており他の3タイプが1割強から2割弱の割合となっている。

第4項 卒業時の進路への満足度

表5-8は，福祉系高校生の卒業時における進路選択に対する満足度である。満足度は，「非常に満足」(37.8%)が最も高く，「やや満足」(37.1%)がほぼ同程度

表5-7　進路選択タイプ　(%)

進路選択タイプ(入学時と卒業時)	
福祉/福祉	2,022 (52.0)
一般/福祉	524 (13.5)
福祉/一般	768 (19.7)
一般/一般	576 (14.8)
合　計	3,890 (100)

注)「福祉/福祉」は入学時と卒業時が福祉進路(以下，同様)

表5-8 進路選択満足度 (%)

進路選択の満足度				
非常に満足	やや満足	どちらともいえない	あまり満足していない	全く満足していない
1,453(37.8)	1,428(37.1)	765(19.9)	133(3.5)	70(1.8)

で続く。「あまり満足していない」と「全く満足していない」を合わせて5.3%であり，全体として進路選択に満足している事が示された。

また，平均値も5点法で4.06と高い値を示している。しかし，進路選択への満足度は入学動機や実習経験，進路選択先によって左右される可能性がある。さらに，生徒の在籍する福祉系高校の資格取得タイプが介護福祉士国家資格取得校か否かによって異なることも考えられる。従って，これら各項目との関係を詳細に検討する必要がある。このことは後述する。

第5項 福祉系高校への評価

表5-9は，福祉系高校生が高校3年間の学びや生活に対して評価を行った結果の回答数と割合である。「将来の人生に役立つ」(以下，本書では，「将来の人生」，または「将来」と表記する)は95.8%(「強くそう思う」57.2%+「そう思う」38.6%，以下同様)と最も高く，「福祉の勉強ができた」(同「福祉の勉強」，または「勉強」)が95.5%，「資格が取れて良かった」(同，「福祉の資格」，または「資格」)が90.1

表5-9 福祉系高校3年間の評価 (%)

福祉系高校の評価	強くそう思う	そう思う	そうは思わない	全くそうは思わない
進路選択に役立たない	287(7.0)	537(13.2)	1,688(41.4)	1,567(38.4)
資格が取れてよかった	2,022(51.1)	1,543(39.0)	232(5.9)	160(4.0)
入学して後悔した	172(4.2)	352(8.6)	2,025(49.8)	1,521(37.4)
福祉の勉強ができた	2,152(52.7)	1,747(42.8)	136(3.3)	47(1.2)
将来の人生に役立つ	2,336(57.2)	1,578(38.6)	125(3.1)	45(1.1)
全体として有意義だった	1,397(34.3)	2,183(53.6)	402(9.9)	89(2.2)

%と続く。また,「全体として有意義だった」(同,「全体に有意義」,または「全体」)が87.9%であり,高校生活に対する総合的な評価も高い値を示している。

一方,「入学して後悔した」(同,「入学を後悔」,または「後悔」)(87.2%),「進路選択に役立たなかった」(同,「進路選択」,または「進路」)(79.8%)も大多数が否定している。

第3節 入学動機を巡って

第1項 入学動機と実習経験

表5-10は,福祉系高校生の入学動機と実習経験の関係である。入学動機に関して福祉志向性が明確な者では,実習における能動性が高い者は2年で62.4%,3年で57.4%であり,反省性が高い者は2年で54.5%,3年で44.6%である。一方,入学動機の福祉志向性が曖昧な者では,実習の能動性が高い者は2年で27.0%,3年で27.3%であり,反省性が高い者は2年で46.3%,3年で38.4%である。このことから福祉志向性が明確な者は,現場実習を自己の将来の進路に引きつけて考えて,資格取得や福祉の勉強に真剣に向き合おうとする姿がうかがえる。その真剣さが,緊張や不安感,反省的態度などを喚起し,感動的な体験や職員・利用者からの積極的な学びにつながっている。それと同時に,現場の厳しさや矛盾に直面してギャップや困難を感じることもあり,反省性に結びついている。

表5-10 福祉系高校への入学動機と実習経験

(%)

入学動機	福祉志向性が明確				福祉志向性が曖昧			
	2能動	2反省	3能動	3反省	2能動	2反省	3能動	3反省
実習経験	2,009 (62.4)	1,765 (54.5)	1,692 (57.4)	1,384 (44.6)	202 (27.0)	346 (46.3)	182 (27.3)	273 (38.4)

第2項 入学動機と進路選択

(1) 入学動機(福祉志向性)と進路選択タイプ(入学時と卒業時)

　表5-11は，福祉系高校生の入学動機における福祉志向性と進路選択プロセスの関係である。入学動機に関して福祉志向性が明確な者では，入学時は多い順に福祉就職(46.4%)，福祉進学(33.1%)，未定(9.3%)，一般進学(6.4%)，一般就職(4.8%)の順であったが，卒業時には福祉就職(37.1%)，福祉進学(34.6%)，一般就職(11.9%)，一般進学(12.9%)，未定(3.6%)に変化している。途中経過をみると，福祉就職は入学時に比べて3年の実習前(34.3%)まで低下するが，3年実習後(36.1%)から増加に転じ，卒業時には37.1%まで回復している。福祉進学は3年間を通じて福祉就職に比較して増減が少なく安定した経過を辿る。

表5-11　福祉志向性と進路選択プロセス　(%)

動機	進路選択	入学時	2年前	2年後	3年前	3年後	卒業時	
明確型	福祉就職	1,458 (46.4)	1,313 (41.8)	1,140 (36.4)	1,060 (34.3)	1,118 (36.1)	1,158 (37.1)	***
	福祉進学	1,041 (33.1)	1,150 (36.6)	1,160 (37.0)	1,119 (36.2)	1,092 (35.3)	1,079 (34.6)	***
	一般就職	152 (4.8)	205 (6.5)	309 (9.9)	384 (12.4)	367 (11.9)	370 (11.9)	***
	一般進学	202 (6.4)	230 (7.3)	303 (9.7)	381 (12.3)	416 (13.4)	402 (12.9)	***
	未定など	292 (9.3)	243 (7.7)	221 (7.1)	146 (4.7)	101 (3.3)	113 (3.6)	***
曖昧型	福祉就職	163 (22.1)	149 (20.2)	125 (17.1)	119 (16.4)	157 (21.5)	177 (24.0)	***
	福祉進学	123 (16.7)	135 (18.3)	126 (17.2)	123 (16.9)	120 (16.5)	118 (16.0)	***
	一般就職	153 (20.8)	162 (22.0)	200 (27.3)	221 (30.4)	229 (31.4)	231 (31.3)	***
	一般進学	136 (18.5)	141 (19.2)	152 (20.8)	164 (22.6)	156 (21.4)	155 (21.0)	***
	未定など	162 (22.0)	149 (20.2)	129 (17.6)	99 (4.7)	67 (9.2)	56 (7.6)	***

注) ***$P<.001$

一般就職・一般進学はともに入学後に増加するが、3年実習後は横ばい状態である。未定は入学時に9.3％であったが学年の進行とともに減少し、卒業時には当初の半数以下(3.6％)となる。

　就職(福祉就職・一般就職)と進学(福祉進学・一般進学)の進路選択割合を比較すると、入学時は就職希望(51.2％)が進学希望(39.5％)を10％以上も上回っている。その後就職希望は減少して3年実習前に進学希望と逆転するが、3年実習後から再び増加する。進学希望は入学後増加して3年実習前には就職希望と同程度となるがその後若干減少する。卒業時には就職が49.0％と進学の47.5％より多い割合となる。福祉系(福祉就職・福祉進学)と一般系(一般就職・一般進学)の比較では、入学時は福祉系進路(79.5％)が一般系進路(11.2％)の約7倍強と圧倒的多数であるが、その後福祉系進路が減少して一般系進路が増加し、卒業時には福祉系進路(71.7％)が一般系進路(24.8％)の約3倍弱と福祉系進路の相対的比率が減少する。しかし、入学時における福祉志向性の明確な者は卒業時に7割以上(71.7％)が福祉系進路を選択していることが示された。

　一方、入学動機の福祉志向性が曖昧な者では、入学時は多い順に福祉就職(22.1％)、未定(22.0％)、一般就職(20.8％)、一般進学(18.5％)、福祉進学(16.7％)の順であったが、卒業時には多い順に一般就職(31.3％)、福祉就職(24.0％)、一般進学(21.0％)、福祉進学(16.0％)、未定(7.6％)に変化している。途中経過をみると、福祉就職は入学時に比べて3年の実習前(16.4％)まで低下するが、3年実習後(21.5％)から増加に転じ、卒業時には24.0％と入学時を上回るまで回復している。福祉進学は3年間を通じて比較的増減が少ない。一般就職は入学後に増加して卒業時には31.3％となる。一般進学は入学後に微増するが、3年実習後は横ばい状態で卒業時には21.0％となる。未定は入学時に22.0％であったが学年の進行とともに減少し、卒業時には当初の約3割以下(7.6％)となる。就職と進学を比較すると、入学時は就職希望(42.9％)が進学希望(35.2％)を上回っている。就職希望は2年実習前(42.2％)にかけて微減するが、その後後増加に転じて(2年実習後44.4％、3年実習前46.8％、3年実習後52.9％)、卒業時に55.3

％となる。進学希望は入学後増加（2年実習前37.5％，2年実習後38.0％，3年実習前39.5％）するが，3年実習後から減少（37.9％）して，卒業時には37.0％となる。福祉系と一般系の比較では，入学時は福祉系進路（38.8％）と一般系進路（39.3％）はほぼ同じ割合である。福祉系は入学後減少（2年実習前38.5％，2年実習後34.3％，3年実習前33.3％）するが，3年実習後（38.0％）に増加に転じて，卒業時には40.0％となり，入学時を上回る。一般系進路は入学後増加（2年実習前41.2％，2年実習後48.1％，3年実習前53.0％）するが，3年実習後（52.8％）に増加に転じて，卒業時には52.3％となり，入学時を大きく上回る。

(2) 入学動機（福祉の進路）と卒業時の進路選択

表5-12は，福祉系高校への入学動機として「福祉の進路」と答えたか否かと卒業時の進路選択の関係である。

入学動機が「福祉の進路」と答えた者の大半は卒業時に福祉就職（44.9％）か福祉進学（40.0％）をしている。しかしなかには，一般就職（6.6％）や一般進学（6.6％），未定などの者（2.0％）もいる。一方，入学時の動機は「福祉の進路に進む」と答えなかった者のうちでも卒業時の進路は福祉就職（27.8％）が最も多く，以下，福祉進学（25.1％），一般就職（21.5％），一般進学（19.6％），未定など（6.0％）となっている。福祉系高校生は入学時に福祉の進路に進むことを入学動機として意識をしていない者がかなり多いが，3年間を通して福祉系進路を選択する者が多い。

表5-12 入学動機「福祉の進路」と卒業時の進路 (%)

入学動機	卒業時の進路					
	福祉就職	福祉進学	一般就職	一般進学	未定	
福祉の進路	687(44.9)	612(40.0)	101(6.6)	101(6.6)	30(2.0)	***
福祉の進路でない	648(27.8)	585(25.1)	500(21.5)	456(19.6)	139(6.0)	***

注）***$P<.001$

表5-13　入学動機「周囲の勧め」と卒業時の進路　(%)

入学動機	卒業時の進路					
	福祉就職	福祉進学	一般就職	一般進学	未定	
周囲の勧め	213(32.9)	153(23.6)	127(19.6)	106(16.4)	48(7.4)	***
周囲の勧めでない	1,122(34.9)	1,044(32.5)	474(14.8)	451(14.0)	121(3.8)	***

注）***P<.001

(3) 入学動機（周囲の勧め）と卒業時の進路選択

表5-13は，福祉系高校への入学動機として「周囲の勧め」と答えたか否かと卒業時の進路選択の関係である。周囲の勧めを入学動機としない者は「福祉就職(34.9%)」，「福祉進学(32.5%)」が多い結果となっている。周囲の勧めによって入学した者では「一般就職(19.6%)」，「一般進学(16.4%)」や未定(7.4%)が前者に比べると多いが，割合としては福祉系進路が一般系進路より多い結果となっている。

(4) 入学動機（福祉の勉強）と卒業時の進路選択

表5-14は，福祉系高校への入学動機として「福祉の勉強」と答えたか否かと卒業時の進路選択の関係である。

入学動機に「福祉の勉強」と答えた者は，卒業時に福祉進学をする者(37.9%)が最も多い結果となっている。このなかには，高校入学前から大学等への進学を考えていた者がかなり含まれている。一般的に，中学3年生の時点で大学等への進学を考えている者は普通科への進学が多く，保護者や教師もそのように

表5-14　入学動機「福祉の勉強」と卒業時の進路　(%)

入学動機	卒業時の進路					
	福祉就職	福祉進学	一般就職	一般進学	未定	
福祉の勉強	656(33.8)	735(37.9)	211(10.9)	273(14.1)	64(3.3)	***
福祉の勉強でない	680(35.4)	463(24.1)	390(20.3)	284(14.8)	106(5.5)	***

注）***P<.001

助言することが多い。

しかし今回の調査によって，大学等へ進学して社会福祉士や看護師等の資格を取得して将来は福祉分野や医療分野で働きたいという生徒が，普通科だけではなく福祉系高校にも一定数存在していることが示された。従って，福祉系高校のレリバンスのひとつの要素に，高校時代に福祉を学んで大学に進学し，より専門性を高める基礎的な福祉教育の意義があると考える。

(5) 入学動機（福祉の進路）と進路選択プロセス

表5-15は，福祉系高校への入学動機として「福祉の進路」と答えた回答数と割合である。福祉の進路に進むことを動機とする者は，入学時の福祉就職で51.0％，福祉進学で37.2％であり，3年間を通して福祉就職・福祉進学ともに最多で推移する。資格や勉強を動機とする者の福祉就職の割合が入学時に比べて卒業時にそれぞれ約1割減少するのに対して，進路を入学動機とする者は6.1％の減少に留まっている。さらに福祉就職と福祉進学の合計をみると，福祉の進路に進むことを動機とする者は入学時が88.2％で卒業時が84.9％であり，他の2者（資格が動機では入学時が82.4％で卒業時が74.4％，勉強が動機では入学時が79.9％で卒業時が71.7％）と比較しても卒業時の割合が高く，また目減り率が低い結果となっている（表5-15，表5-16）。従って，福祉の進路を入学動機とする者は福祉系進路選択に関して安定した推移を辿っている。

表5-15 「福祉の進路」が動機の進路選択プロセス　(％)

卒業時の進路選択	入学時	2年前	2年後	3年前	3年後	卒業時	
福祉就職	789(51.0)	729(47.2)	660(42.7)	645(42.2)	672(43.9)	687(44.9)	***
福祉進学	575(37.2)	631(40.8)	651(42.1)	632(41.3)	613(40.1)	612(40.0)	***
一般就職	41(2.7)	52(3.4)	82(5.3)	103(6.7)	99(6.5)	101(6.6)	***
一般進学	41(2.7)	52(3.4)	74(4.8)	100(6.5)	111(7.3)	101(6.6)	***
未　定	101(6.5)	82(5.3)	78(5.0)	50(3.3)	35(2.3)	30(2.0)	***

注）***$P<.001$

表5-16 「福祉の資格」が動機の進路選択プロセス (%)

卒業時の進路選択	入学時	2年前	2年後	3年前	3年後	卒業時	
福祉就職	960(51.2)	856(45.7)	750(40.2)	699(37.8)	729(39.4)	767(41.1)	***
福祉進学	585(31.2)	666(35.6)	680(36.4)	661(35.7)	634(34.3)	621(33.3)	***
一般就職	83(4.4)	105(5.6)	156(8.4)	208(11.2)	197(10.6)	195(10.5)	***
一般進学	105(5.6)	126(6.7)	164(8.8)	201(10.9)	231(12.5)	222(11.9)	***
未　定	142(7.6)	119(6.4)	117(6.3)	80(4.3)	59(3.2)	59(3.2)	***

注）***P＜.001

(6) 入学動機（福祉の資格）と進路選択プロセス

表5-16は，福祉系高校への入学動機として「福祉の資格」と答えた回答数と割合である。資格取得を動機とする者（複数回答，以下同様）は入学時の福祉就職の割合が最多（51.2％）であるが，その後低下して，福祉進学を動機とするものより低い割合（卒業時の福祉就職は41.1％）に留まる。また，福祉進学の割合も福祉の勉強，進路，資格という福祉への志向が強い3者のなかでは最も低い割合で推移する。このことから，資格を入学動機とする者のなかには，とりあえず資格を取るために福祉系高校に入学したが，3年間の学びを通して福祉以外の進路を選択する者も一定割合含まれていることが予測される。

(7) 入学動機（福祉志向性と「周囲の勧め」）

表5-17は，福祉系高校への入学動機として福祉志向性と「周囲の勧め」と答えた者の関連を表している。志向型の中で「福祉の資格」が最も多く周囲の

表5-17 福祉志向型と「周囲の勧め」 (%)

| 入学動機 | 福祉志向性が明確な入学動機（複数回答） | | | |
	福祉の資格	福祉の進路	福祉の勉強	P
周囲の勧め	256(13.1)	153(9.5)	195(9.6)	***
周囲の勧めでない	1,698(86.9)	1,457(90.5)	1,844(90.4)	***

注）***P＜.001

勧めを動機として複数回答していることから，資格を目的に入学した者のなかには，必ずしも自分の意思で福祉系高校への入学を決定したのではない者が含まれていると考える。

(8) 入学動機と進路選択タイプ（入学時と卒業時）

表5-18は，福祉系高校への入学動機（複数回答）と入学時と卒業時の進路選択プロセスのクロス集計表である。

まず，福祉への志向性が明確な「福祉の資格」「福祉の進路」「福祉の勉強」のいずれもが高いのは「福祉から福祉」である。次に「福祉から一般」と「一般から福祉」を比較すると，福祉の資格，福祉の勉強はともに「福祉から一般」が高いが，福祉の進路は僅かながら一般から福祉の方が上回っている。これに比して「一般から一般」は「周囲の勧め」，「何となく」の割合が他の3タイプに比べて高い傾向が見られる。

(9) 福祉志向性と進路選択タイプ（入学時と卒業時）

表5-19は，福祉系高校への入学動機が明確か否かと，入学時と卒業時の進路選択プロセスの関係である。福祉への志向性が明確な入学動機（「福祉の資格」「福祉の進路」「福祉の勉強」のひとつ以上に回答した者）と，福祉への志向性が曖

表5-18　入学動機と進路選択タイプ　　　　　　　　　　　(%)

入学動機 （複数回答）	進路選択タイプ（入学時と卒業時）				P
	福祉/福祉	一般/福祉	福祉/一般	一般/一般	
福祉の資格	1,200(59.7)	187(36.0)	335(44.2)	141(24.7)	***
福祉の進路	1,150(57.2)	149(28.7)	200(26.4)	32(5.6)	***
福祉の勉強	1,171(58.3)	218(41.9)	380(50.1)	169(29.6)	***
周囲の勧め	233(11.6)	134(25.8)	129(17.0)	152(26.7)	***
普通科が嫌	184(9.2)	58(11.2)	78(10.3)	68(11.9)	—
何となく	73(3.6)	77(14.8)	78(10.3)	159(27.9)	***

注）***P<.001

表5-19 福祉志向性と進路選択タイプ (%)

入学動機の 福祉志向性	進路選択タイプ（入学時と卒業時）				P
	福祉/福祉	一般/福祉	福祉/一般	一般/一般	
明　確	1,865(92.8)	368(70.9)	616(81.3)	270(47.5)	***
曖　昧	144(7.2)	151(29.1)	142(18.7)	299(52.5)	

注）福祉志向性は福祉の資格，進路，勉強への回答の有無　***$P<.001$

昧な入学動機（入学動機が明確な項目のどれにも回答しなかった者）では，入学時と卒業時の進路選択プロセスがどのような特性があるかを考察した。入学動機が明確な者の割合は「福祉から福祉」が最も高く，「福祉から一般」「一般から福祉」が続く。「一般から一般」は福祉志向性が際立って低い傾向が示された。

第3項　入学動機と進路選択満足度

表5-20で，福祉系高校への入学動機と卒業時の進路選択満足度が非常に高い者の関係をみると，最も満足度が高いのは「福祉の勉強(59.2%)」であり，「福祉の資格(53.4%)」，「福祉の進路(47.1%)」がこれに続く。従って，入学動機が明確な者は卒業時の進路選択においても満足度が高い。最も低い値となっているのが「何となく(5.5%)」であり，次いで「普通科が嫌(9.0%)」となっている。入学動機においてこれらの福祉志向性の曖昧な者が1割程度存在することに鑑みて，曖昧な入学動機が卒業時の進路選択にも影響を与えていることが示された。

表5-20 入学動機と進路選択満足度 (%)

進路選択 「非常に 満足」	入学動機（複数回答）					
	福祉の資格	福祉の進路	福祉の勉強	周囲の勧め	普通科が嫌	何となく
	770(53.4) ***	679(47.1) ***	854(59.2) ***	198(13.7)	130(9.0) —	79(5.5) ***

注）***$P<.001$

表5-21 入学動機と性差 (%)

入学動機	男子	女子	
福祉の資格	238(36.1)	1,655(50.3)	***
福祉の進路	207(31.4)	1,356(41.2)	***
福祉の勉強	258(39.1)	1,711(52.0)	***
周囲の勧め	141(21.4)	513(15.6)	***
普通科が嫌	61(9.2)	343(10.4)	—
何となく	99(15.0)	290(8.8)	***
その他	42(6.4)	188(5.7)	—

注）***P<.001

第4項 入学動機と性差

　表5-21は，福祉系高校への入学動機と性差の組み合せである。福祉系高校生の入学動機として，福祉への志向性は81.0％と高い数値となっていたが男女別にみると15.1％もの開きがある。男子は「周囲の勧め」「何となく」等の曖昧な目的が多く，福祉への志向性が低い傾向にある。

　一方で，女子は「福祉の資格」「福祉の進路」「福祉の勉強」等の明確な目的が多く，特に，「福祉の資格」「福祉の勉強」は50％を超え，女子の福祉志向の高さがうかがえる。

第5項 入学動機に関する考察

　福祉系高校への入学動機は，福祉の勉強・資格・進路という福祉への志向性が明確なタイプが多く，そのうちの少なくともひとつ以上を動機とする者が全体の81.0％を占め，大半が福祉に対する明確な目的を持って入学している事が示された。また，福祉の進路を入学動機とする者の84.9％が卒業時に福祉系に進路を選択し，福祉への進路を入学動機としない者も52.9％が福祉進路を選択していた。さらに，周囲の勧めで入学した者でも卒業時の進路は福祉系が一般系より多い。一方，福祉の勉強を入学動機とした者の卒業時の進路は福祉進学が最も多く，社会福祉士などの資格を取得して福祉分野などに進む者の存在が

示唆された。また，入学時に希望した進路に進む者が福祉系・一般系ともに多く，進路選択への満足度は高い。以上の結果から，福祉系高校における生徒の入学動機には，福祉への志向性が明確なタイプと曖昧なタイプがあることが示唆された。

　高校では，教科指導や実習指導，進路相談や助言の内容によって生徒の進路が左右されることも少なくないことから，以下の点に配慮する必要がある。まず，福祉への志向性や目的が明確なタイプは福祉の学習に対するレディネスが高いため，入学後の早い時期から専門的な授業を導入することが効果的である。それと同時に，福祉以外の普通教科や広い一般教養を身に付けさせる必要があり，高校生活の中でも学校行事や部活動，生徒会活動等に積極的に取り組むように支援していくことが求められる。一方，福祉に対して消極的タイプの者に対しては，個別性を重視したきめ細かな対応が求められる。さまざまな理由から（なかには不本意ながら）福祉系高校へ入学した者もいると考える。しかし本調査ではそのような消極的タイプのなかにも，入学した以上は福祉の道へ進もうと決めている（またはその方向を考え始めている）者が一定数いることが明らかになった。このような者に対して，目的が明確なタイプと同列に指導するのではなく，福祉の授業や現場実習を通して逡巡し悩む過程に寄り添いながら，3年間の実習や学びのなかで，職業に対する適性や将来への展望を明確に描くことへの支援をしていくことが望まれる。

第4節　実習経験を巡って

第1項　実習経験と進路選択

(1) **実習経験（能動・反省）と進路選択タイプ（入学時と卒業時）**

　表5-22は，「福祉志向・能動」「現実直面・反省」因子と入学時と卒業時の進路選択プロセスとの関連を検討した。2年実習で高い能動性と反省性が見られたのは，入学時に福祉系進路を希望して卒業時も福祉系進路を選択した者（以

表5-22　実習タイプと進路選択タイプ　(%)

実習経験		進路選択タイプ（入学時と卒業時）				
		福祉/福祉	一般/福祉	福祉/一般	一般/一般	
2年	能動	1,391(70.1)	291(56.8)	293(39.0)	138(25.1)	***
	反省	1,088(54.6)	296(57.5)	382(50.7)	241(43.3)	***
3年	能動	1,266(66.0)	274(55.4)	220(31.5)	109(21.9)	***
	反省	874(45.2)	225(45.1)	302(42.5)	175(34.5)	***

注）***$P<.001$

下，本書では，「福祉から福祉」と表記する）と，「一般から福祉」を選択した者（以下，本書では，「一般から福祉」と表記する）である。2年で低い能動性と反省性が見られたのは，「一般から一般」を選択した者である。2年で能動性は低く反省性が高いのは，「福祉から一般」を選択した者である。3年実習で高い能動性が見られたのは，「福祉から福祉」と，「一般から福祉」を選択した者であり2年生と同様の結果であった。低い能動性と反省性が見られたのは，「一般から一般」と，「福祉から一般」を選択した者である。3年の反省性は全体的に低い傾向にあるが，「福祉から福祉」と，「一般から福祉」を選択した者は相対的に高い傾向がみられる。

(2) 実習経験（各項目）と進路選択タイプ（入学時と卒業時）

表5-23では，福祉系高校での実習経験に関して「強く思う」と回答した者の，進路選択タイプ（入学時と卒業時）を検討した。

その結果，2年の実習経験と進路選択プロセスの関係をみると，「強く思う」の割合が最も高いのは「福祉から福祉」の「職員に学ぶ」（63.6％）であり，「一般から福祉」の「実習不安」（63.5％）と「厳しい現場」（63.1％），「福祉から福祉」の「技術不足」（61.9％）と「厳しい現場」（60.5％）である。一方，福祉現場への就労に関しては，「現場で働く」が高い順に「福祉から福祉」（38.8％），「一般から福祉」（19.0％）であり，「福祉は無理」は高い順に「一般から一般」（26.7％），「福

表 5-23　実習経験と進路選択タイプ (%)

実習経験「強く思う」		進路選択タイプ（入学時と卒業時）				
		福祉/福祉	一般/福祉	福祉/一般	一般/一般	
2年	福祉で働く	776(38.8)	98(19.0)	38(5.0)	19(3.4)	***
	進路に役立つ	1,088(54.3)	193(37.3)	165(21.9)	90(16.2)	***
	福祉職は無理	83(4.1)	44(8.5)	168(22.2)	149(26.7)	***
	感動的な経験	649(32.4)	135(25.9)	189(24.9)	105(18.8)	***
	理念を確認	550(27.5)	99(19.1)	168(22.3)	97(17.4)	***
	利用者に学ぶ	1,186(59.3)	265(51.1)	395(52.3)	203(36.2)	***
	職員に学ぶ	1,272(63.6)	307(59.0)	417(55.1)	247(44.1)	***
	技術が未熟	1,238(61.9)	307(59.3)	425(56.3)	272(48.7)	***
	知識が不足	949(47.4)	274(52.7)	328(43.2)	243(43.3)	***
	反省が多い	1,065(53.2)	260(50.1)	345(45.5)	209(37.3)	***
	現場は厳しい	1,212(60.5)	329(63.1)	450(59.3)	300(53.7)	***
	強い不安	1,182(59.0)	331(63.5)	435(57.4)	289(51.5)	***
3年	福祉で働く	909(46.8)	169(33.8)	65(9.1)	39(7.7)	***
	進路に役立つ	1,198(61.7)	257(51.2)	168(23.7)	101(19.6)	***
	福祉職は無理	99(5.1)	37(7.4)	156(21.8)	118(23.1)	***
	感動的な経験	948(48.9)	212(42.2)	267(37.3)	149(29.0)	***
	理念を確認	675(34.7)	147(29.3)	168(23.7)	99(19.3)	***
	利用者に学ぶ	1,168(60.3)	265(52.8)	351(49.1)	178(34.8)	***
	職員に学ぶ	1,249(64.4)	304(60.6)	376(52.6)	211(41.5)	***
	技術が未熟	812(41.9)	204(40.6)	312(43.6)	167(32.6)	***
	知識が不足	580(29.9)	153(30.5)	220(30.8)	132(25.9)	***
	反省が多い	842(43.4)	225(44.9)	268(37.5)	154(30.1)	***
	現場は厳しい	954(49.2)	246(49.2)	344(47.9)	194(38.0)	***
	強い不安	535(27.6)	147(29.3)	210(29.3)	115(22.4)	*

注）＊$P<.05$　＊＊＊$P<.001$

祉から一般」(22.2%) である。3年の実習経験と進路選択プロセスの関係をみると，全体的に，能動性のある項目が増加して，反省性のある項目が減少している。「強く思う」の割合が高い順に，「福祉から福祉」の「職員に学ぶ」(64.4%)と「進路に役立つ」(61.7%)，「一般から福祉」の「職員に学ぶ」(60.6%)，「福祉から福祉」の「利用者に学ぶ」(60.3%)である。一方，福祉現場への就労に関しては，

「現場で働く」が高い順に「福祉から福祉」(46.8%),「一般から福祉」(33.8%)であり,「福祉は無理」は高い順に「一般から一般」(23.1%),「福祉から一般」(21.8%)である。

(3) 実習経験の変化と進路選択タイプ(入学時と卒業時)

図5-4のグラフは,入学時と卒業時の進路選択のタイプ別に,2年実習と3年実習の変化を示したものである。グラフの数値(%)は,3年実習の各項目別の「思う」,「強く思う」を合計した値(%)から,2年実習の各項目別の「思う」,「強く思う」を合計した値(%)を減じて算出した。従って,数値が高いほど2年実習と3年実習の変化が大きい。

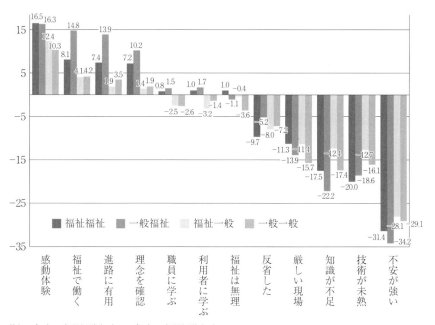

注) 3年次の実習経験(%) − 2年次の実習経験(%)

図5-4 実習経験の変化(2年から3年)と進路選択タイプ(入学時と卒業時)

全体的にみて，進路選択プロセスにかかわらずすべてのタイプで2年実習より3年実習が増加している項目は「感動体験」，「現場で働く」，「進路に役立つ」，「福祉の理念」，の4項目であり，変化が少ないのは「職員に学ぶ」，「利用者に学ぶ」，「福祉は無理」の3項目である。また，2年実習より3年実習が減少しているのは「反省した」，「厳しい現場」，「知識不足」，「技術不足」，「実習不安」の5項目で，特に「実習不安」は3年実習で大きく減少している。このことから全体的な傾向として，進路選択タイプ（入学時と卒業時）の4タイプともに，2年実習では十分ではなかった感動体験や福祉現場への就労志向などの能動性が3年実習で増加し，実習不安や自己の未熟さへの反省性が減少している。

　続いて入学時と卒業時の進路選択プロセスのタイプ別に実習経験の変化をみると，「福祉から福祉」と「一般から福祉」で能動性が高まり，反省性が減じている。特に，「福祉から福祉」は「感動体験」の増加と，「反省した」，「技術不足」などが減少している。また，「一般から福祉」は「現場で働く」，「進路に役立つ」，「進路に有用」，「福祉の理念」，などの能動性が高まり，「技術不足」，「反省した」の減少がみられる。一方，「一般から一般」は他のタイプに比べて「感動体験」の増加が少なく，「福祉から一般」は他のタイプに比べて「進路に役立つ」，「福祉の理念」，「利用者に学ぶ」の増加が少なく，「知識不足」，「技術不足」，「実習不安」の減少も少ない。このことからタイプ別では，比較的安定した実習へのプラスの取り組みを行っている「福祉から福祉」以上に，「一般から福祉」は実習で福祉の真髄に触れて就労意欲の向上や福祉系進路への接続に結びついている。一方，比較的低位で安定している「一般から一般」以上に，「福祉から一般」は現場に意義を見出せず自己の未熟さを痛感して福祉から撤退している。

(4) 実習経験の変化と進路選択（卒業時）

　図5-5のグラフは，卒業時の進路選択の5つのタイプ別に，2年実習と3年実習の変化を示したものであり，数値が高いほど2年実習と3年実習の変化が

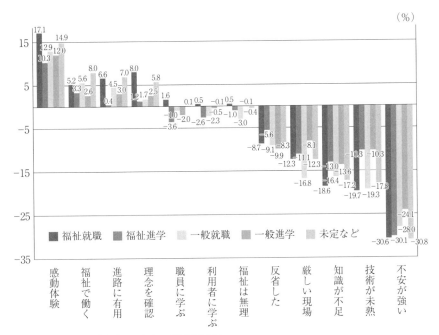

注）3年次の実習経験(%) − 2年次の実習経験(%)

図5-5　実習経験の変化(2年から3年)と卒業時の進路選択

大きい。

　全体的にみて，すべてのタイプで2年実習より3年実習が増加している項目は，「感動体験」「現場で働く」「進路に役立つ」「福祉の理念」の4項目であり，変化が少ないのは「職員に学ぶ」「利用者に学ぶ」「福祉は無理」の3項目である。また，2年実習より3年実習が減少しているのは「反省した」「厳しい現場」「知識不足」「技術不足」「実習不安」の5項目で，特に「感動体験」は3年実習で大きく増加し，「実習不安」は3年実習で大きく減少している。このことから全体的な傾向として，進路選択（卒業時）の5タイプともに，2年実習では十分ではなかった感動体験などが3年実習で増加し，実習不安や自己の未熟さへの反省性が減少している。

続いて入学時と卒業時の進路選択プロセスのタイプ別に実習経験の変化をみると，「福祉就職」と「未定」で能動性が高まり，反省性が減じている。特に，「福祉就職」は「感動体験」，「福祉の理念」，「職員に学ぶ」，「利用者に学ぶ」の増加と，「知識不足」，「技術不足」の減少がみられる。また，「未定」は「現場で働く」，「進路に役立つ」などの能動性が高まり，「実習不安」の減少が著しい。一方，「福祉進学」は他のタイプに比べて能動性の増加が少なく，反省性の減少も少ない。また，「一般就職」は他のタイプに比べて「福祉は無理」，「厳しい現場」，「知識不足」，「技術不足」の減少が著しい。さらに，「一般進学」は比較的「福祉進学」に近い増減がみられる。このことから，「福祉就職」は比較的安定した実習へのプラスの取り組みを行っている。一方，「福祉進学」と「一般進学」は比較的クールな実習での態度から，介護現場に一定の距離を置く姿勢がみられる。また，「一般就職」は現場の厳しさや自己の未熟さに対する現象が著しいことから，2年実習のダメージが推察される。逆に，「未定」は2年実習のダメージが大きかった分を3年実習で回復させている可能性が考えられる。

第5節 進路選択を巡って

第1項 進路選択タイプ（入学時と卒業時）

図5-6のグラフは，入学時と卒業時の進路選択プロセスの4つのタイプ別に，高校評価を示したものである。

グラフの数値(%)は，高校評価の各項目別の「思う」，「強く思う」を合計して算出した。

全体的にみて進路選択プロセスにかかわらず，「将来に有益」「福祉の勉強」「福祉の資格」「全体に意義」に対して肯定的に評価している。また，「進路に無益」「充実感なし」「入学を後悔」に対しては否定的である。特に「将来に有益」「福祉の勉強」「福祉の資格」はすべてのタイプの肯定的評価が8割以上で，

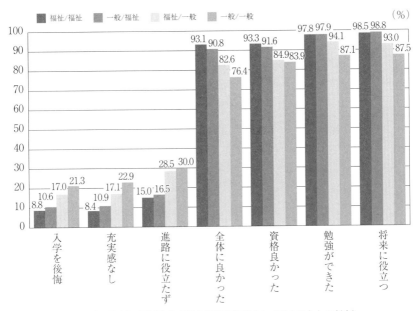

注）進路選択タイプ（入学時と卒業時）と高校生活評価（「思う」，「強く思う」の割合）

図5-6　進路選択タイプと高校生活評価

福祉系高校での勉強や資格取得が将来に役立つと評価している。しかし一方では，入学を後悔したり充実感がなかったり，進路に役立たないとする評価もみられる。このことから全体的な傾向として，入学時と卒業時の進路選択プロセスの4つのタイプともに，高校生活では必ずしも満足のいく場面ばかりではなかったが，資格取得や学びの将来性など，全体としては肯定的な評価を行っている。

続いてタイプ別の特徴をみると，肯定的な評価を行っている順に，「福祉から福祉」，「一般から福祉」，「福祉から一般」，「一般から一般」となっている。全体的に福祉系高校3年間の評価は，4つのタイプともに福祉の資格取得や福祉の勉強，将来に有用など肯定的評価をしている。前述の入学動機や実習経験における各項目の割合が4つのタイプによってそれぞれ異なっているのに比し

て，福祉系高校で学んだ3年間に対する評価は程度の差こそあれ4タイプともに肯定的な評価をしていることが注目される。特に，「福祉から福祉」は「将来に有益」，「福祉の勉強」，「福祉の資格」，「全体に意義」との評価が高く「進路に無益」，「充実感なし」，「入学を後悔」のいずれもが低い。また「一般から福祉」も「福祉から福祉」とほぼ同様の評価をしている。一方「福祉から一般」の生徒は，前2者に比較すると全体的に肯定的評価が低く，否定的な評価が高い。さらに「一般から一般」は，最も肯定的評価が低く否定的な評価が示された。

第2項 進路選択(卒業時)

図5-7のグラフは，卒業時の進路選択の5つのタイプ別に，高校評価の各項目別の「思う」，「強く思う」を合計して算出したものである。

全体的にみて，進路選択プロセスにかかわらずすべてのタイプで，「将来に有益」，「福祉の勉強」，「福祉の資格」，「全体に意義」に対して肯定的に評価しており，「進路に無益」，「充実感なし」，「入学を後悔」に対しては否定的である。このことから全体的な傾向として，**卒業時の進路選択の5つのタイプともに，福祉の勉強や学びの将来性などに対して肯定的な評価を行っている。**

続いて，タイプ別の特徴をみると，第1に「福祉就職」はすべての肯定的な評価が9割以上で，特に「将来に有益」，「福祉の資格」は最も高い評価となっており，「進路に無益」，「充実感なし」により否定的である。

また，「福祉進学」でもすべての肯定的な評価が9割以上で，特に「福祉の勉強」，「全体に意義」は最も高い評価となっており，「入学を後悔」により否定的である。従って，2者を比較すると，「福祉就職」は厳しい学びに対して入学を後悔することもあったが資格を取得して将来につながるなど，より直接的で目に見える成果を評価している。また「福祉進学」は入学時から確固たる姿勢で学び，全体的に満足するなど総合的な成果を評価している。

第3に「一般就職」は，「未定」に次いで全体的に肯定的評価が低く，否定

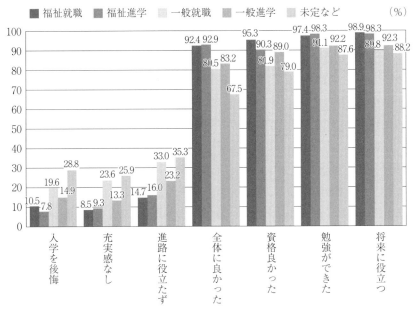

図5-7 進路選択（卒業時）と高校評価

注）進路選択（卒業時）と高校生活評価（「思う」、「強く思う」の割合）

的な評価が高い。

　第4に「一般進学」は，「福祉就職」と「福祉進学」に次いで肯定的評価が高く，否定的評価は低い。

　第5に「未定」は，すべての項目で肯定的評価が最も低く否定的な評価が最も高い。

　これらのことから，卒業時の進路選択のタイプ別にみた福祉系高校の評価は，**福祉系進路（福祉就職・福祉進学）の肯定的評価と，未定と一般就職の否定的評価が際立っている。**

第6節 福祉系高校の評価を巡って

第1項 福祉系高校の評価と進路満足度

表5-24は，福祉系高校生が福祉系高校への評価と満足度の関係について答えた回答数と割合である。高校生活への評価として，「全体として良かった」「将来の人生に役立つ」「福祉の勉強ができた」「福祉の資格取得できた」の項目への評価が高い者は，進路選択に満足していると「強く思う」，「思う」と答えている。一方，「進路に役立たなかった」「入学を後悔した」「充実感がなかった」の項目の数値が高い者は，進路選択に満足していると「全く思わない」と答えている。従って，高校生活の肯定的評価と進路満足度とは有意に関連していることが示された。

第7節 性差を巡って

第1項 性差と実習経験

(1) 性差と実習経験（能動・反省）

表5-25は，福祉系高校生が福祉系高校への入学動機の組み合せとして答えた回答数と割合である。最も多いのは，2年，3年の実習を通して男子に比べて女子の能動性が高い値となっている。反省性に関しては，男女ともに2年より3年の値が低くなっている。これは2年の実習の段階で自らの実習を振り返り，

表5-24 高校評価（「全く思わない」「強く思う」）と進路満足度　　　(%)

進路選択の満足度	全く思わない			強く思う				
	進路に役立たず	充実感なし	入学後悔	資格良かった	勉強できた	将来に有用	全体に良かった	
やや満足	501(35.2)	500(35.1)	464(32.7)	649(47.2)	704(49.4)	792(55.6)	397(27.9)	***
非常に満足	800(55.3)	791(54.6)	782(54.2)	937(66.9)	986(68.0)	1,077(74.4)	757(52.5)	***

注） ***$P<.001$

表 5-25　性差と実習タイプ　(%)

実習経験		男子	女子	
2年	能動	295(46.5)	1,823(57.2)	***
	反省	338(53.1)	1,677(52.4)	—
3年	能動	273(44.1)	1,601(53.5)	***
	反省	243(39.0)	1,344(44.1)	*

注）$^*P<.05$　$^{***}P<.001$

3年の実習に教訓として活かされているものと考える。また，男子は2年の実習においては反省性が女子を上回っているが，3年においては，大きく下回る結果となっている。

(2) **性差と実習経験（各項目）**

表5-26は，福祉系高校生の性差と実習経験の各項目との関係である。2年時実習は，男子の値は女子に比べて，大多数の項目が低い値となっている。特

表 5-26　性差と実習経験　(%)

実習で強く思う	2年			3年		
	男子	女子		男子	女子	
強い不安	350(54.5)	1,901(58.9)	***	172(27.3)	846(27.6)	*
感動的な経験	154(24.0)	931(28.9)	***	215(34.2)	1,377(45.0)	***
知識が不足	324(50.5)	1,482(46.0)	***	184(29.3)	911(29.8)	***
現場は厳しい	394(61.4)	1,905(59.1)	***	278(44.3)	1,466(47.9)	***
職員に学ぶ	367(57.2)	1,887(58.6)	***	335(53.3)	1,820(59.5)	***
福祉で働く	130(20.4)	807(25.1)	***	162(25.8)	1,031(33.7)	***
反省が多い	332(51.8)	1,554(48.2)	***	262(41.7)	1,237(40.4)	***
福祉職は無理	63(9.8)	337(10.5)	**	89(14.2)	500(16.4)	***
利用者に学ぶ	304(47.5)	1,752(54.4)	***	280(44.7)	1,692(55.3)	***
技術が未熟	362(56.4)	1,891(58.9)	***	248(39.4)	1,258(41.1)	***
理念を確認	151(23.5)	767(23.9)	***	186(29.5)	901(29.6)	***
進路に役立つ	227(35.4)	1,314(40.8)	***	260(41.3)	1,466(48.2)	***

注）$^*P<.05$　$^{**}P<.01$　$^{***}P<.001$

に，男子は「感動」や「進路」といった能動的な感情が女子に比べて低い。唯一女子が低いのは「福祉就職は無理だと思った」であり，この項目も含めて男子に比べて女子が実習に対して積極的に関わっている状況が明らかになった。男女ともに「無理」の値が低いが，男子が唯一女子より高いのもこの項目であり，実習によって福祉を志向する男子が多いと考える。

　3年実習では，男子は女子に比べて大多数が低い値を示している。また，2年の実習と同様に「無理」の値は男女ともに低い。そして，2年と比べて男女ともに「不安」が低下しており，2年の実習経験によって介護現場への実習に対する姿勢が変化したものと考える。さらに，「感動」の値も男女ともに上昇している。実習への「不安」が軽減されたことにより，肉体的精神的な余裕ができ利用者とのコミュニケーションや職員との関わり，実習への達成感が高まったと考える。

(3) 性差と進路選択（卒業時）

　表5-27は，福祉系高校生の性差と進路選択（3年間の進路選択プロセスと卒業時の進路）との関係である。男子の進路選択の推移は，入学時に比べて福祉就職が激減し一般就職が急増する。女子は男子に比べて福祉就職の減少が少ない。このことから性差による進路選択の推移の違いが示唆された。女子は，全体的に男子より福祉分野への進路選択が安定した推移を辿る。一方，男女ともに「福祉進学」は同様の推移を辿っており，2年前期に「福祉進学」を目指す生徒が多いことが示されている。このことから，進路選択の推移には性差が存在することを認識した進路相談が重要である。

第2項　性差と進路選択満足度

　表5-28は，福祉系高校生の性差と進路選択満足度との関係である。最も多いのは，卒業時の進路選択への満足度では，男子約70%より女子約76%で女子の方が約6%高くなっている。入学動機において女子は「福祉志向型」が多

表5-27　性差と進路選択（3年間の推移と卒業時）　　　　　（％）

進路	男子					女子				
	福祉就職	福祉進学	一般就職	一般進学	未定	福祉就職	福祉進学	一般就職	一般進学	未定
入学	258 (39.4)	163 (24.9)	77 (11.8)	59 (9.0)	97 (14.8)	1,359 (42.1)	1,001 (31.0)	232 (7.2)	281 (8.7)	354 (11.0)
2前	227 (34.9)	193 (29.6)	98 (15.1)	56 (8.6)	77 (11.8)	1,232 (38.2)	1,091 (33.8)	274 (8.5)	315 (9.8)	313 (9.7)
2後	186 (28.7)	202 (31.2)	122 (18.8)	67 (10.3)	71 (11.0)	1,076 (33.4)	1,081 (33.6)	395 (12.3)	390 (12.1)	275 (8.5)
3前	159 (24.4)	203 (31.2)	148 (22.7)	89 (13.7)	52 (8.0)	1,019 (32.2)	1,039 (32.8)	459 (14.5)	458 (14.5)	190 (6.0)
3後	169 (25.9)	206 (31.6)	142 (21.8)	97 (14.9)	38 (5.8)	1,102 (34.8)	1,010 (31.9)	456 (14.4)	475 (15.0)	128 (4.0)
卒業	172 (26.4)	201 (30.8)	152 (23.3)	98 (15.0)	29 (4.4)	1,161 (36.2)	997 (31.1)	451 (14.1)	457 (14.3)	140 (4.4)
	***	***	***	***	***	***	***	***	***	

注）***$P<.001$

表5-28　性差と進路選択満足度　　　　　（％）

進路選択の満足度	男子		女子	
非常に満足	224 (35.0)	***	1,219 (38.4)	***
やや満足	222 (34.7)	***	1,192 (37.5)	***
どちらともいえない	153 (23.9)	***	607 (19.1)	***
あまり満足していない	22 (3.4)	***	111 (3.5)	***
全く満足していない	19 (3.0)	***	49 (1.5)	***

注）***$P<.001$

かったことを考えると，福祉志向への意識が明確であることは満足度に大きな影響を及ぼしている。

第8節　考　察

第1項　入学動機

　福祉系高校生の進路選択の推移に着目した検討を行った結果，入学時の動機

として「福祉の進路に進む」と答えた者は，1年から福祉就職や福祉進学という進路を考えていた。他方，「福祉の進路に進む」を動機にしない者でも，進路は福祉就職や福祉進学を考えていたものが多い。これは大変興味深い。動機としては福祉系進路ではなく，例えば「周囲の勧め」「普通科が嫌」で福祉系高校に入学したが，卒業後は福祉系に進もうと，1年から考えていたものが一定数いるということが明らかになった。「是非福祉系の進路に進みたい」という明確な目的意識を持って入学し，福祉系進路に進むことを目標に日々努力している生徒も多く存在する反面，さまざまな理由から福祉系高校へ入学する結果となったが，入学した以上は福祉の道へ進むことを決めている者も一定数いることが明らかになった。福祉系高校ではこの事を踏まえて，教科指導や実習指導，進路相談に臨む必要がある。換言すれば，教師の対応や実習体験によって，福祉系の進路への確信を深める者もいれば，逆に進路変更をする可能もある事を認識することが望まれる。

　さらに入学時の動機として「福祉の進路に進む」と答えた者は，卒業時に大半が福祉就職か福祉進学をしている。しかし，一部の者は一般就職や一般進学をしており，少数であるが未定などの者もいる。一方，入学時の動機は「福祉の進路に進む」と答えなかった者のうち，卒業時の進路で最も多いのは福祉就職であり，福祉進学がこれに続いている。この結果をみると，15歳の段階では福祉の進路に進むことを高校入学の動機として意識をしていない者がかなり多いが，3年間の福祉系高校での学習や実習を通して福祉系の進路を選択する者が多い。入学動機に「福祉の勉強をしたい」と答えた者は，卒業時に福祉進学をする者が最も多い結果となっている。この中には，高校入学前から，大学等への進学を考えていた者がかなり含まれている。一般的に，中学3年生の時点で大学等への進学を考えている者は普通科への進学が多く，保護者や教師もそのように助言することが多い。しかし，福祉系高校に入学する生徒の中には，大学等へ進学して社会福祉士や看護師等の資格を取得して将来は福祉分野や医療分野で働きたいという者が一定数存在していることは，福祉系高校現場では

認識されているが，本調査結果でもその可能性が示唆されたといえよう。

また，現場実習では不安感を抱きながら職員や利用者の姿に学び，福祉現場の厳しさを認識するとともに感動的体験を通して自己の職業適性を見極めようとしていることが示された。

第2項 実習経験

2年最初の実習，3年最後の実習の双方で，それぞれ，実習先の職員から学ぶことがあった，利用者に学ぶことがあった，福祉の理念を確認できた，将来の進路選択に役立った，感動的な経験をした，福祉現場で働きたいと思ったという「**福祉志向・能動**」と，技術の未熟さを感じた，福祉現場の厳しさを知った，反省することが多かった，知識不足を感じた，不安でいっぱいだったという「**現実直面・反省**」の2個の因子を抽出した。

第3項 進路選択

最終的に，生徒の進路は，福祉就職(34.5%)，福祉進学(31.0%)，一般就職(15.7%)，一般進学(14.4%)，未定など(4.4%)の5つに分かれていることが明確になった。進路を変更する生徒が最も多い時期は，2年実習後から3年実習前の期間であることが明らかになった。一般に普通科高校生の進路選択が入学から比較的間もない時期に決定されるのに比較して，福祉系高校生では，実習経験を経た後で進路選択の変更が行われる傾向は注目に値する。

次に，入学から卒業までの進路選択の「変更と維持」の観点から検討した。その結果，入学から卒業までに進路選択の変更を1回以上行う生徒は6割強おり，現場実習などにおける自信喪失から回復への変遷を経験することなどの揺れ動きが明らかとなった。しかし，これら生徒の多くは現場における感動的体験や学びにより，最終的には福祉系進路を選択していた。

一方，全体の3割強の生徒は入学後も多少の揺れ動きを経験するものの，福祉分野に対する高い関心を持ち続ける者が多い。最終的に福祉系進路を選択す

る生徒は全体で6割を超え，職業的発達過程では進路選択における「ゆらぎ」を経験しながら福祉分野をはじめとした進路を選択している。さらに，性別による進路選択の推移の相異が示された。女子生徒は男子生徒に比較して，入学から卒業まで福祉系進路選択を維持する者の割合が高い。これは，福祉専門職は対人援助の場面が多く，高校生にとっての福祉イメージが高齢者介護等の印象が強いことも影響している可能性がある。

第4項 入学動機と進路選択

入学時に「福祉目的型」の生徒は，他の生徒に比較して入学から卒業まで福祉系進路選択を維持する者の割合が高い。明確な動機のある生徒は，幼少期から高校入学前までの何れかの時期に，福祉的な環境（祖父母の介護場面や障がいのある人との出会い，ボランティア体験や福祉職との出会い等）を経験して，目的意識が学習意欲や進路選択への意思を高めた可能性がある。さらに介護福祉士養成高校の生徒は，他の生徒に比較して入学から卒業まで福祉系進路選択を維持する者の割合が高い。

第5項 実習経験と進路選択

実習経験において「福祉志向・能動」「現実直面・反省」の両因子が高いグループは，卒業時に福祉系進路（福祉就職・福祉進学）を選択することが明らかになった。特に，「福祉志向・能動」傾向が高い者は，入学時に福祉系進路を希望していた者だけでなく，一般系進路を希望していた者も卒業した時には福祉系進路を選択する結果となっていた。従って，現場実習において職員や利用者に学び，福祉の理念を確認し，感動的な体験を得たりすることが，福祉への道を志す上で重要な役割を果たしていると考察される。一方，入学時に福祉系進路を希望していた者の中でも，「福祉志向・能動」傾向が低い者は卒業時に一般系進路を選択する傾向が示された。前述の福山(1953)の自己分析・職業分析・職業試行の構成要素に照らして，実習という職業試行によって自己の適性

や福祉現場の厳しさに直面した生徒が，当初の進路選択を変更する状況を推察することができよう。

第6項 福祉の学びと職業選択

本書では，福祉系高校生におけるキャリア形成を「社会福祉に関する理念や自己の関心・適性を認識し，専門的知識・技術の習得と現場実習経験等による社会福祉現場・職業理解を通して進路を選択し，福祉社会に主体的にかかわる過程」と定義して検討を行った。その結果，福祉系高校生は実習において能動的であると同時に反省的な学びの経験を得て進路選択を行っていた。また，目的や性差，所属する高校の教育課程によっても進路選択に差異が見られた。特に，実習を通して社会福祉の理念や意義を認識し，自己の興味・関心や知識・技術が福祉現場に適合するかどうかの確認を行っていた。また，実習で経験するリアリティショックを学校に持ち帰り，授業を通したリフレクションや再学習の中で真剣に進路を考えるプロセスが重要であることが示唆された。

エリクソン（1959）によると青年期における重要な発達課題は，「アイデンティティの確立」と「職業選択」であるとしている。このことから福祉専門職養成においても自己洞察や自己理解，職業選択は重要な意味を持っている。近年増加している新卒者の早期離職は，エリクソンのいう青年期の発達課題が十分に達成されていないことの表れである。従って，福祉系高校で行われている福祉教育が，介護福祉士養成などいわゆるケアワークを含む教育と，社会福祉全体に関するソーシャルワーク教育を行っていることの意義は重要である[2]。このような福祉系高校の教育内容は国際的にもほとんど例のないものであり，社会福祉に関する基礎的な教育と介護福祉士養成などの専門教育を通して，生徒がどのような内面的成長を自己認識しながら進路選択を行っているのかを検討することは研究的意義があるといえよう。2年では現場の厳しさに直面し自己の未熟さを痛感するが，実習後に学校に戻ってからの学習活動を経て3年の実習では職員や利用者に学び，感動的な経験を通して働くことの意味を見出してい

ることがうかがえる。

第7項 福祉系高校の量的レリバンス

　ミクロレベルのレリバンスに関して，生徒の入学動機や目的が実現できたかどうか，人間的な成長をもたらしたかなどを考察する必要があると考えた。検討対象は，以下の手順で選んだ。まず，生徒の進路選択のうち，福祉の学びとの関係が最も象徴的に表れているのは，入学時に考えていた進路が卒業時にどのように変更（または維持）されているかであると考えて，進路選択プロセスの4タイプ（「福祉から福祉」「一般から福祉」「福祉から一般」「一般から一般」）を取り上げた。また，卒業時の進路（「福祉就職」，「福祉進学」，「一般就職」，「一般進学」，「未定」）のうちで，「未定」は他のタイプ，すなわち何らかの進路を決定した者とは質の異なるタイプであると判断して，検討対象として取り上げることとし

表5-29　進路選択タイプと実習経験（「強く思う」の割合） (%)

学年	実習経験（項目）	進路選択タイプ（入学と卒業）				未定	
		福祉福祉	一般福祉	福祉一般	一般一般		
2年	感動的な経験	649(32.4)	135(25.9)	189(24.9)	105(18.7)	36(22.0)	***
	現場は厳しい	1,212(60.5)	329(63.1)	450(59.3)	300(53.7)	84(51.2)	***
	福祉で働く	776(38.8)	98(19.0)	38(5.0)	19(3.4)	13(8.0)	***
	反省が多い	1,065(53.2)	260(50.1)	345(45.5)	209(37.3)	73(44.5)	***
	福祉職は無理	83(4.1)	44(8.5)	168(22.2)	149(26.7)	32(19.5)	***
	理念を確認	550(27.5)	99(19.1)	168(22.3)	97(17.4)	30(18.6)	***
	進路に役立つ	1,088(54.3)	193(37.3)	165(21.9)	90(16.2)	29(18.0)	***
3年	感動的な経験	948(48.9)	212(42.2)	267(37.3)	149(29)	54(34.0)	***
	現場は厳しい	954(49.2)	246(49.2)	344(47.9)	194(38)	69(43.1)	***
	福祉で働く	909(46.8)	169(33.8)	65(9.1)	39(7.7)	17(10.6)	***
	反省が多い	842(43.4)	225(44.9)	268(37.5)	154(30.1)	55(34.6)	***
	福祉職は無理	99(5.1)	37(7.4)	156(21.8)	118(23.1)	31(19.4)	***
	理念を確認	675(34.7)	147(29.3)	168(23.7)	99(19.3)	33(21.2)	***
	進路に役立つ	1,198(61.7)	257(51.2)	168(23.7)	101(19.6)	33(21.0)	***

注）***$P<.001$

表5-30　進路選択タイプと高校生活評価(「思う」「強く思う」の割合)　(%)

高校評価	進路選択タイプ(入学と卒業)				未定	
	福祉福祉	一般福祉	福祉一般	一般一般		
将来の人生に役立つ	1,986(98.5)	515(98.8)	713(93.0)	503(87.5)	150(88.2)	***
福祉の勉強ができた	1,975(97.8)	510(97.9)	720(94.1)	498(87.1)	149(87.6)	***
全体として有意義だった	1,872(93.1)	474(90.8)	633(82.6)	437(76.4)	114(67.5)	***
進路選択に役立たない	302(15.0)	86(16.5)	218(28.5)	172(30.0)	60(35.3)	***
入学して後悔した	177(8.8)	55(10.6)	130(17.0)	122(21.3)	49(28.8)	***

注)　***$P<.001$

た。表5-29は，進路選択タイプ別の実習経験を表している。生徒の実習経験が2年と3年でどのように変化をしたかを，進路選択(5タイプ)別に表している。また，表5-30は，進路選択と高校生活評価を表している。生徒が高校生活をどのように評価しているかを，進路選択(5タイプ)別に表している。2つの表はともに，5タイプに関して，有意差がみられた項目を選んで作表してある。以下，5タイプ別に量的研究の結果を検討する。

(1)「福祉から福祉」の量的研究の結果

　「福祉から福祉」は，実習での「感動体験」によって「理念を確認」し「福祉で働く」決意をしたので「進路に役立つ」とする割合が最も高い。また，「厳しい現場」への認識と「反省した」とする割合は高く，「福祉は無理」は極めて低い。一方，高校生活への評価として「将来に役立つ」，「勉強ができた」，「全体に良かった」の肯定的な評価は高く，「進路に役立たず」，「入学を後悔」という否定的評価は低い。

(2)「一般から福祉」の量的研究の結果

　「一般から福祉」は，実習経験での「感動体験」で「理念を確認」し「福祉で働く」決意をしたので「進路に役立つ」とする割合が「福祉から福祉」に次いで高い。中でも「理念を確認」し「福祉で働く」決意をしたので「進路に役

立つ」とする割合が，2年に比べて3年で増加した幅は，「福祉から福祉」以上に高い。また，反省的な実習経験としての「厳しい現場」への認識と「反省した」とする割合は高く，「福祉は無理」は低い。一方，高校生活への評価として「将来に役立つ」，「勉強ができた」，「全体に良かった」の肯定的な評価は「福祉から福祉」と同様に高く，「進路に役立たず」，「入学を後悔」という否定的評価は低い。

(3) 「福祉から一般」の量的研究の結果

「福祉から一般」は，「感動体験」は福祉系進路選択に次いで高く，2年に比べて3年の増加も大きいが，「理念を確認」し「福祉で働く」の割合は目立った増加がみられない。従って，実習での意義ある経験が福祉系進路には結びついておらず，「福祉は無理」とする割合が高い。一方，高校生活への肯定的評価である「将来に役立つ」，「勉強ができた」，「全体に良かった」は福祉系進路選択に次いで高い反面，「進路に役立たず」，「入学を後悔」は「一般から一般」，「未定」に次いで高いというアンビバレントな状態が見受けられる。

(4) 「一般から一般」の量的研究の結果

「一般から一般」は，能動的な実習経験としての「進路に役立つ」，「福祉で働く」，「感動体験」，「理念を確認」のいずれもが最も低い。また，反省的な実習経験としての「福祉は無理」も最も高く，福祉現場での学びに否定的である。一方，高校生活への評価として「将来に役立つ」，「勉強ができた」に対しては85％以上の高い割合を示しているが，「進路に役立たず」，「入学を後悔」という否定的評価にも高い割合を示している。

(5) 「未定」の量的研究の結果

「未定」は，能動的な実習経験としての「進路に役立つ」，「福祉で働く」は低いが，「感動体験」は2年実習より3年実習で増加している傾向がみられる。

また，反省的な実習経験としての「厳しい現場」，「反省した」は2年実習より3年実習が減少しているが，一方で「福祉は無理」に変化はみられない。また，高校生活が「進路に役立たず」，「入学を後悔」したとする反面，「将来に役立つ」，「勉強ができた」という肯定的評価も85％以上の高い割合を示している。

注）
1) 以下本書では入学時を入学，2年最初の実習前を2前，2年最初の実習後を2後，3年最後の実習前を3前，3年最後の実習後を3後，卒業時を卒業と表記する。
2) 海外では，ソーシャルワークとケアワークとの関係をソーシャルケアとしてとらえる潮流が生まれている。

第6章
生徒の実習と進路を巡る
ミクロレベルの質的レリバンス

第1節 本章の目的

　本章では，第3章の調査における自由記述部分から，生徒の入学動機・実習経験・進路選択のレリバンスに着目したKJ法による質的研究を行う[1]。
　研究の視点としては，第1に，入学時と卒業時の進路選択の推移に着目して，入学時に福祉系分野への進路選択（就職及び進学，以下同様）を希望して卒業時も福祉系分野を選択（または希望，以下同様）する者（以後，本書では「福祉から福祉」とする），入学時に福祉系分野を希望して卒業時は福祉系分野以外を選択する者（以後，本書では「福祉から一般」とする），入学時に福祉系分野以外を希望して卒業時は福祉系分野を選択する者（以後，本書では「一般から福祉」とする），入学時に福祉系分野以外を希望して卒業時も福祉系分野以外を選択する者（以後，本書では「一般から一般」とする）の4タイプに区分して研究を行う。
　第2に，卒業時の進路選択をそれぞれ，福祉系分野への就職（以後，本書では「福祉就職」とする），福祉系大学等への進学（以後，「福祉進学」とする），福祉系分野以外への就職（以後，「一般就職」とする），福祉系大学等以外への進学（以後，「一般進学」とする），未定（以後，「未定」，または「未定など」とする）の5つに区分して研究を行う。

第2節 KJ法による研究

本研究では，調査データのうち，「実習と進路選択の関係に関する自由記述」を用いて，KJ法（川喜田 1967, 1970, 1986）による質的研究を以下の手順で行った。

まず，生徒の入学時と卒業時の進路選択プロセス（維持または変更）「福祉から福祉」型，「一般から福祉」型，「福祉から一般」型，「一般から一般」型の4つの進路推移タイプ別に記述内容をKJラベルに転記し，それぞれ「多段ピックアップ」によってラベルを厳選した。その結果得られたラベルを元ラベルとして，4つのタイプ別に狭義のKJ法を行った。狭義のKJ法は，元ラベル群の「グループ編成」→「図解化」→「叙述化」の一連の作業である。「グループ編成」は，ラベル群の全体感を背景としてラベル同士の意味内容の近さを吟味して，セットになったものには「表札」と呼ばれる概念を文章として与える。セットにならないラベルは「一匹狼」と呼ぶ。この「グループ編成」による統合を繰り返し，ラベル群が10束以内になったら「図解化」する。「図解化」において統合されたラベル群を「島」と呼び，最終統合の島にはそれぞれに「シンボルマーク」と呼ばれる圧縮的・象徴的概念を与え，島同士の関係を関係線で示す。さらに最終的に得られた4枚の全体図解の内容を「叙述化」する（第3節）。

続いて，生徒の卒業時における進路選択を検討するために，「福祉就職」（回収数1,343，回答数796，総ラベル1,460），「福祉進学」（回収数1,207，回答数747，総ラベル1,454），「一般就職」（回収数612，回答数308，総ラベル529），「一般進学」（回収数562，回答数350，総ラベル666），「未定」（回収数170，回答数80，総ラベル121）の5つの進路選択タイプ別に，記述内容をラベルに転記した。それらのラベルをそれぞれ「多段ピックアップ」によって厳選して，前記と同様に狭義のKJ法を行い，完成した5枚のKJ法図解を元に「叙述化」する（第4節）。

なお，3章でも述べたとおり，文中の「　」は元ラベル，「・」は一匹狼，《　》

は第1段階の統合による表札，太字「　」は最終的な島の表札，『　』は総タイトル，最終的な島の表札と総タイトルの前のことばはシンボルマークである。

第3節 進路選択タイプ（入学時と卒業時）

第1項「福祉から福祉」

(1) **各島の叙述**（図6-1を参照）

① 困難が陶冶

　入学時に福祉系進路を希望していて卒業時にも福祉系進路を希望する生徒は，「小さな失敗を度々起こしたが次の実習に生かした」，「初め嫌だった認知症の方に大切な事を学ばせていただいた」，「実習では自分の長所も短所も見つけて将来に繋がった」など，《1 未熟だった現場で苦手を超えて成長した》としている。また，「認知症の方への介護は疲れるがやりがいがあった」「人に役立つ事だけでなく辛く厳しい事も見ることができた」「福祉は汚い仕事というが実際は面白くて充実感がある」など《2 厳しい現場が自己を鍛えた》とする。さらに，「実習は大変で悩んだからこそもっと頑張りたいと思う」「仕事の難しさとやりがいに早く一員として役立ちたい」「大変だが皆助け合って生きている良さにやりがいを感じた」など，《3 困難だが充実した現場に意欲が湧く》と感じている。そして，「現場の厳しさと自分の甘さを知ったお陰で今の自分がある・」とする。以上のことから，「**困難な現場が自己を鍛えた**」としている。

② 実習で進路決断

　「実習で社会福祉士という職を知り大学進学を決めた」「リハビリを支える訓練指導員に興味を抱いた」「看護師やPTと接して多様な資格を知り進路を考えた」など，《1 専門職と出会い福祉の進路が明確になった》とする。また，「利用者の笑顔をずっと見たいと思い実習施設に就職した」「医療的ケアが必要な方に会い役に立つ為に進学を決めた」など，《2 利用者の姿に進路を決めた》とする。そして，「特養と老健の違い等も知り職のリアルなイメージを持てた」

福祉現場で確かな進路を見極めた　　**現場で福祉に確信**

① 困難な現場が自己を鍛えた

1 未熟だった現場で苦手を超えて成長した
- 小さな失敗を度々起こしたが次の実習に生かした
- 初め嫌だった認知症の方に大切な事を学ばせていただいた
- 実習では自分の長所も短所も見つけて将来に繋がった

2 厳しい現場が自己を鍛えた
- 認知症の方への介護は疲れるがやりがいがあった
- 人に役立つ事だけでなく辛く厳しい事も見ることができた
- 福祉は汚い仕事というが実際は面白くて充実感がある

3 困難だが充実した現場に意欲が湧く
- 実習は大変で悩んだからこそもっと頑張りたいと思う
- 仕事の難しさとやりがいに早く一員として役立ちたい
- 大変だが皆助け合って生きている良さにやりがいを感じた
- 現場の厳しさと自分の甘さを知ったお陰で今の自分がある

困難が陶冶

② 実習が福祉進路の確かな選択を促す

1 専門職と出会い福祉の進路が明確になった
- 実習で社会福祉士という資格を知り大学進学を決めた
- リハビリを支える訓練指導員に興味を抱いた
- 看護師やPTと接して多様な資格を知り進路を考えた

2 利用者の姿に進路を決めた
- 利用者の笑顔をずっと見たいと思い実習施設に就職した
- 医療的ケアが必要な方に会い役に立つ為に進学を決めた

3 リアルに学んで進路を決めた
- 特養と老健の違い等も知り職のリアルなイメージを持てた
- 在宅介護支援センター実習で自分の新たな進路を見つけた

4 専門を追求する進学に決めた
- 実習で施設ケアに疑問を感じ大学で学びを深めようと思った
- 利用者の多様なニーズに応える為に福祉進学を選んだ
- 現場の人手不足を感じ私も早く働いて貢献したいと思う
- 幼い頃から希望していた福祉の決意が実習で固まった

実習で進路決断

④ 学びを通して進路や夢への思いを強め実現できた

1 長い間の福祉の夢が実現できた
- 親が福祉関係なので進路が実現できて満足している
- 福祉科に入っていなかったら私は夢をあきらめていた
- 入学前から福祉の道を強く希望していたので充実していた

2 福祉職に強い思いを抱いた
- 実習はとても勉強になり早く仕事をしたくなった
- 福祉職の良さに大変でもやっぱり就きたいと思った
- 充実した高校だったので私達が福祉を変えていく

夢を強化・実現

③ 現場に福祉の理念を見出した

- 安全安心な介護には技術と理論の両方が必要だった
- 相手を尊重してニーズを見つける大切さが分かった
- 実習での交わりから自分も社会の中の一人だと実感した
- 手を握るだけで心が伝わる大切なことを知った

理念を体感

⑥ 社会や高校も改善してほしい

1 現場の質に格差がある
- 施設によるが実際はかなりずさんで私はそれを見てきた
- 「これが福祉」という所から専門にきている所まであった

2 福祉の社会的地位が低い
- 福祉分野の雇用水準が高くないので見直しが必要だ
- 社会で福祉の理解が少なく後回しにされている

3 実習内容を改善してほしい
- 実習生からも施設の評価をできるようにしてほしい
- 実習は障がい者、病院、在宅を増やし夜勤も経験したかった
- 進学したいと思っても家庭の都合などでできない場合もある

改善の要望

⑤ 専門教育に誇りと自信がある

1 タテヨコの仲間と共に学んだ
- クラスで励まし助け合い福祉を最後まであきらめなかった
- 高校生が実習できるのはすごいありがたいと知った
- 自分も職員となって後輩によい指導をしていきたい
- 福祉系高校が県内でここだけなんてすごくもったいない

2 普通科と異なる学びを得た
- 普通科ではできない体験ができた
- 普通科とは別の視野から人をみることもできた
- 高校生でも勉強し実習すれば国家試験受験資格はあると思う
- 福祉科は朝早く夕方遅く実習はヘトヘトだったが頑張った

福祉科で良かった

1) 2012.1.25　2) 美浜キャンパス
3) 福祉から福祉　4) 岡多枝子

図6-1　KJ法全体図解「福祉から福祉」

「在宅介護支援センター実習で自分の新たな進路を見つけた」など，《3 リアルに学んで進路を決めた》とする。一方，「実習で施設ケアに疑問を感じ大学で学びを深めようと思った」「利用者の多様なニーズに応える為に福祉進学を選んだ」など，《4 専門を追求する進学に決めた》としている。さらに，「現場の人手不足を感じ私も早く働いて貢献したいと思う・」「幼い頃から希望していた福祉の決意が実習で固まった・」という。以上のことから，**「実習が福祉進路の確かな選択を促す」**ことが示された。

③ 理念を体感

「安全安楽な介護には技術と理論の両方が必要だった・」「実習での交わりから自分も社会の中の一人だと実感した・」「相手を尊重してニーズを見つける大切さが分かった・」「手を握るだけで心が伝わる大切なことを知った・」など，**「現場に福祉の理念を見出した」**としている。

④ 夢を強化・実現

「親が福祉関係なので進路が実現できて満足している」「福祉科に入っていなかったら私は夢をあきらめていた」「入学前から福祉の道を強く希望していたので充実していた」など，《1 長い間の福祉の夢が実現できた》としている。また，「実習はとても勉強になり早く仕事をしたくなった」「福祉職の良さに大変でもやっぱり就きたいと思った」「充実した高校だったので私達が福祉を変えていく」など，《2 福祉職に強い思いを抱いた》という。以上のことから，**「学びを通して進路や夢への思いを強め実現できた」**としている。

⑤ 福祉科で良かった

「クラスで励まし助け合い福祉を最後まであきらめなかった」「自分も職員となって後輩によい指導をしていきたい」など，《1 タテヨコの仲間と共に学んだ》としている。また，「普通科ではできない体験ができた」「普通科とは別の視野から人をみることもできた」「福祉科は朝早く夕方遅く実習はヘトヘトだったが頑張った」など，《2 普通科と異なる学びを得た》としている。そして，「高校生が実習できるのはすごいありがたいと知った・」「福祉系高校が県内で

ここだけなんてすごくもったいない・」「高校生でも勉強し実習すれば国家試験受験資格はあると思う・」という。以上のことから，**「専門教育に誇りと自信がある」**としている。

⑥ 改善の要望

「施設によるが実際はかなりずさんで私はそれを見てきた」，「『これが福祉』という所から専門性に長けている所まであった」ことから，《1 現場の質に格差がある》としている。また，「福祉分野の雇用水準が高くないので見直しが必要だ」「社会で福祉の理解が少なく後回しにされている」など，《2 福祉の社会的地位が低い》としている。そして，「実習生からも施設の評価をできるようにしてほしい」「実習は障がい者，病院，在宅を増やし夜勤も経験したかった」ことから，《3 実習内容を改善してほしい》としている。さらに，「進学したいと思っても家庭の都合などでできない場合もある・」という。以上のことから，**「社会や高校も改善してほしい」**としている。

(2) **最終的な統合**

入学時に福祉系進路を希望していて卒業時にも福祉系進路を選択する生徒は，第1に，《1 未熟だった現場で苦手を超えて成長した》《2 厳しい現場が自己を鍛えた》《3 困難だが充実した現場に意欲が湧く》「現場の厳しさと自分の甘さを知ったお陰で今の自分がある・」とする。以上のことから，**「① 困難が陶冶：困難な現場が自己を鍛えた」**と感じている。

第2に，《1 専門職と出会い福祉の進路が明確になった》《2 利用者の姿に進路を決めた》《3 リアルに学んで進路を決めた》《4 専門を追求する進学に決めた》「現場の人手不足を感じ私も早く働いて貢献したいと思う・」「幼い頃から希望していた福祉の決意が実習で固まった・」と，**「② 実習で進路決断：実習が福祉進路の確かな選択を促す」**ことが示された。

第3に，「安全安楽な介護には技術と理論の両方が必要だった・」「実習での交わりから自分も社会の中のひとりだと実感した・」「相手を尊重してニーズ

を見つける大切さが分かった・」「手を握るだけで心が伝わる大切なことを知った・」など,「③ 理念を体感：現場に福祉の理念を見出した」としている。

第4に,《1 長い間の福祉の夢が実現できた》《2 福祉職に強い思いを抱いた》ことから,「④ 夢を強化・実現：学びを通して進路や夢への思いを強め実現できた」としている。

第5に,《1 タテヨコの仲間と共に学んだ》《2 普通科と異なる学びを得た》,「高校生が実習できるのはすごいありがたいと知った・」「福祉系高校が県内でここだけなんてすごくもったいない・」「高校生でも勉強し実習すれば国家試験受験資格はあると思う・」「⑤ 福祉科で良かった：専門教育に誇りと自信がある」としている。

第6に,《1 現場の質に格差がある》《2 福祉の社会的地位が低い》《3 実習内容を改善してほしい》「進学したいと思っても家庭の都合などでできない場合もある・」「⑥ 改善の要望：社会や高校も改善してほしい」とする。

以上のことから，これら6つの最終的な島を統合すると,「福祉から福祉」を選択したのは，福祉の学びによって自己や現場と向き合い，確信を得て,『現場で福祉に確信：福祉現場で確かな進路を見極めた』生徒である。

第2項「一般から福祉」

(1) **各島の叙述**(図6-2を参照)

① 実習で変更

入学時に一般系進路を希望していて卒業時に福祉系進路を選択した生徒は,「人と関わる現場を体験して本気で施設で働こうと思った・」「工場に就職予定だったが実習の学びを経て福祉に変えた・」など,「**実習でよい経験を得て福祉に変えた**」としている。

② 感銘を受け変更

「利用者の『ありがとう』に感動して福祉進路を決めた」「『ありがとう』に人の役に立つ人間になろうと思った」など,《1「ありがとう」に感銘を受け

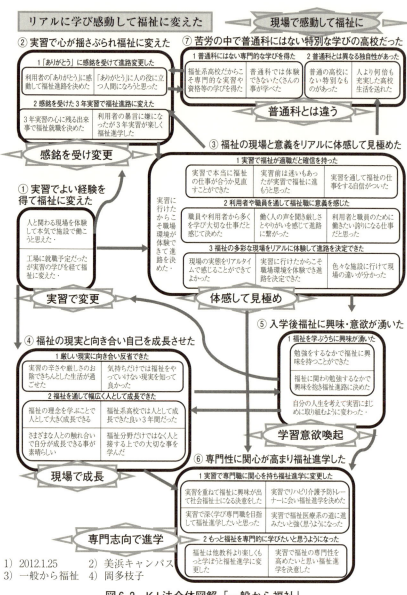

1) 2012.1.25　2) 美浜キャンパス　3) 一般から福祉　4) 岡多枝子

図6-2　KJ法全体図解「一般から福祉」

て進路変更した》とする。また，「3年実習の心に残る出来事で福祉就職を決めた」「利用者の暴言に嫌になったが3年実習が楽しく福祉進学した」など，《2 感銘を受けた3年実習で福祉進路に変えた》とする。以上のことから，「**実習で心が揺さぶられ福祉に変えた**」としている。

③ 体感して見極め

「実習で本当に福祉の仕事が合うか見直すことができた」「実習前は迷いもあったが実習で福祉に進もうと思った」「実習を通して福祉の仕事をする自信がついた」など，《1 実習で福祉が適職だと確信を持った》とする。また，「職員や利用者から多くを学び大切な仕事だと感じて決めた」「働く人の声を聞き厳しさとやりがいを感じて進路に繋がった」「利用者と職員のために働きたい誇りになる仕事だと思った」など，《2 利用者や職員を通して福祉職に意義を感じた》とする。一方，「現場の実態をリアルタイムで感じることができてよかった」「実習に行けたからこそ職場環境を体験でき進路を決定できた」「色々な施設に行けて現場の違いが分かった」として，《3 福祉の多彩な現場をリアルに体験して進路を決定できた》という。さらに，「実習に行けたからこそ職場環境が体験できて進路を決めた・」とする。以上のことから，「**福祉の現場と意義をリアルに体感して見極めた**」としている。

④ 現場で成長

「実習の辛さや厳しさのお陰できちんとした生活が過ごせた」「気持ちだけでは福祉をやっていけない現実を知って良かった」など，《1 厳しい現実に向き合い反省できた》とする。また，「福祉の理念を学ぶことで人として大きく成長できる」「さまざまな人との触れ合いで自分が成長できる事が素晴らしい」「福祉系高校では人として成長できた良い3年間だった」「福祉分野だけではなく人と接する上での大切な事を学んだ」と，《2 福祉を通して幅広く人として成長できた》という。以上のことから，「**福祉の現実と向き合い自己を成長させた**」としている。

⑤ 学習意欲喚起

「勉強をするなかで福祉に興味を持つことができた」「福祉に関わり勉強するなかで興味を抱き福祉進路に決めた」など,《1 福祉を学ぶうちに興味が湧いた》とする。また,「自分の人生を考えて実習にまじめに取り組むように変わった・」という。以上のことから,**「入学後福祉に興味・意欲が湧いた」**としている。

⑥ 専門志向で進学

「実習を重ねて福祉に興味が出て社会福祉士になる決意をした」「実習で深く学び専門職を目指して福祉進学したいと思った」「実習でリハビリ介護予防トレーナーに会い福祉進学を決めた」「実習で福祉医療系の道に進みたいと強く思うようになった」など,《1 実習で専門職に関心を持ち福祉進学に変更した》とする。また,「福祉は他教科より楽しくもっと学ぼうと福祉進学に変更した」「実習で福祉の専門性を高めたいと思い福祉進学を決意した」など,《2 もっと福祉を専門的に学びたいと思ようになった》という。以上のことから,**「専門性に関心が高まり福祉進学した」**としている。

⑦ 普通科とは違う

「福祉系高校だからこそ専門的な実習や資格等の学びを得た」「普通科では体験できないたくさんの事が学べた」など,《1 普通科にはない専門的な学びを得た》とする。また,「普通の高校にない特別なものがあった」「人より何倍も充実した高校生活を送れた」など,《2 普通科とは異なる独自性があった》という。以上のことから,**「苦労の中で普通科にはない特別な学びの高校だった」**としている。

(2) **最終的な統合**

入学時に考えていた一般系への進路選択を卒業時に福祉系進路に変更した生徒は,第1に,「人と関わる現場を体験して本気で施設で働こうと思えた・」「工場に就職予定だったが実習の学びを経て福祉に変えた・」という。以上のこと

から，「① 実習で変更：実習でよい経験を得て福祉に変えた」としている。

　第2に，《1「ありがとう」に感銘を受けて進路変更した》《2 感銘を受けた3年実習で福祉進路に変えた》とする。以上のことから，「感銘を受け変更：② 実習で心が揺さぶられ福祉に変えた」としている。

　第3に，《1 実習で福祉が適職だと確信を持った》《2 利用者や職員を通して福祉職に意義を感じた》《3 福祉の多彩な現場をリアルに体験して進路を決定できた》「実習に行けたからこそ職場環境が体験できて進路を決めた・」とする。以上のことから，「③ 体感して見極め：福祉の現場と意義をリアルに体感して見極めた」としている。

　第4に，《1 厳しい現実に向き合い反省できた》《2 福祉を通して幅広く人として成長できた》という。以上のことから，「④ 現場で成長：福祉の現実と向き合い自己を成長させた」としている。

　第5に，《1 福祉を学ぶうちに興味が湧いた》「自分の人生を考えて実習にまじめに取り組むように変わった・」という。以上のことから，「⑤ 学習意欲喚起：入学後福祉に興味・意欲が湧いた」としている。

　第6に，《1 実習で専門職に関心を持ち福祉進学に変更した》《2 もっと福祉を専門的に学びたいと思ようになった》という。以上のことから，「⑥ 専門志向で進学：専門性に関心が高まり福祉進学した」としている。

　第7に，《1 普通科にはない専門的な学びを得た》《2 普通科とは異なる独自性があった》という。以上のことから，「⑦ 普通科とは違う：苦労の中で普通科にはない特別な学びの高校だった」としている。

　以上のことから，これら7つの最終的な島を統合すると，「一般から福祉」を選択したのは，福祉の学びによって自己や現場と向き合い，確信を得て，『現場で福祉に確信：福祉現場で確かな進路を見極めた』生徒である。

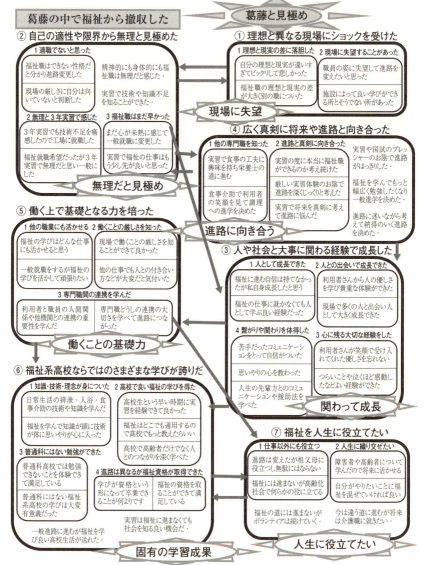

図6-3　KJ法全体図解「福祉から一般」

1) 2012.1.25　2) 美浜キャンパス　3) 福祉から一般　4) 岡多枝子

第3項「福祉から一般」

(1) 各島の叙述(図6-3を参照)

① 現場に失望

　入学時に福祉系進路を希望していて卒業時に一般系進路を希望する生徒は，「自分の理想と現実が違いすぎてビックリして悲しかった」，「福祉職の理想と現実の差が大きく別の職についた」など，《1 理想と現実の差に落胆した》とする。また，「職員の姿に失望して進路を変えたいと思った」，「施設によって良い学びができる所とそうでない所があった」など，《2 現場に失望することがあった》という。以上のことから，**「理想と異なる現場にショックを受けた」**としている。

② 無理だと見極め

　「福祉職はできない性格だと分かり進路変更した」，「現場の厳しさに自分は向いていないと判断した」など，《1 適職でないと思った》とする。また，「3年実習でも技術不足を痛感したので工場に就職した」，「福祉就職希望だったが3年実習で無理だと思い一般にした」など，《2 無理と3年実習で感じた》という。そして，「まだ心が未熟に感じて一般就職に変更した」，「実習で福祉の仕事はもう少し先が良いと思った」など，《3 福祉職はまだ早かった》としている。さらに，「精神的にも身体的にも福祉職は無理だと感じた・」，「実習で技術や知識不足を知ることができた・」とする。以上のことから，**「自己の適性や限界から無理と見極めた」**としている。

③ 関わって成長

　「福祉に進む自信は持てなかったが私自身成長したと思う」，「福祉の仕事に就かなくても人として学ぶ良い経験だった」など，《1 人として成長できた》としている。また，「利用者さんから人の優しさを学び貴重な体験ができた」「現場で多くの人と出会い人として大きく成長できた」など，《2 人との出会いで成長できた》という。さらに，「利用者さんが笑顔で受け入れてくれた優しさを忘れない」，「つらいことや泣くほど感動したなどよい経験ができた」として，

《3 心に残る大切な経験をした》という。また,「苦手だったコミュニケーションをとって自信がついた」「思いやりの心を教わった」「人生の先輩方とのコミュニケーションや援助法を学べた」など,《4 繋がりや関わりを体得した》とする。以上のことから,**「人や社会と大事に関わる経験で成長した」**としている。

④ 進路に向き合う

「実習で食事の工夫に興味を持ち栄養士の道に進む」「食事介助で利用者の笑顔を見て調理への進学を決めた」など,《1 他の専門職を知った》とする。また,「実習の度に本当に福祉職ができるのか考え続けた」「厳しい実習体験のお陰で進路を深くじっくりと考えた」「実習で将来を真剣に考えて進路に悩んだ」など,《2 進路と真剣に向き合った》という。さらに,「実習や国試のプレッシャーのお陰で進路がはっきりした・」「福祉を学んでもっと幅広く勉強したくなり一般進学を決めた・」「進路に迷いながら考えて納得のいく進路を決めた・」とする。以上のことから,**「広く真剣に将来や進路と向き合った」**としている。

⑤ 働くことの基礎力

「福祉の学びはどんな仕事にも活かせると思う」「一般就職をするが福祉の学びを活かして頑張りたい」など,《1 他の職業にも活かせる》とする。また,「現場で働くことの厳しさを知ることができて良かった」「他の仕事でも人との付き合い方などが大変だと気付いた」など,《2 仕事の厳しさを知った》としている。さらに,「利用者と職員の人間関係や他機関との連携の重要性を学んだ」「専門職どうしの連携の大切さを学べて進路につながった」など,《3 専門職間の連携を学んだ》とする。以上のことから,**「働く上で基礎となる力を培った」**としている。

⑥ 固有の学習成果

「日常生活の排泄・入浴・食事介助の技術や知識を学んだ」「福祉を学んで知識が頭に技術が体に思いやりが心に入った」など,《1 知識・技術・理念が身についた》としている。また,「高校生という早い時期に実習を経験できて良

かった」「福祉はどこでも通用するので高校でもっと教えたらいい」「高校で高齢者だけでなく人とのつながりを深く学べた」として,《2 高校で良い福祉の学びを得た》という。そして,「普通科高校では勉強できないことを体験できて満足している」「普通科にはない福祉系高校の学びは大変有意義だった」など,《3 普通科にはない勉強ができた》とする。一方,「学びが資格という形になって卒業できることが何よりです」「福祉の資格を取ることができて満足している」と,《4 進路は異なるが福祉資格が取得できた》と評価している。さらに,「一般進路に進むが福祉を学び良い高校生活が送れた・」「実習は福祉に進まなくても社会を知る良い機会だ・」という。以上のことから,「**福祉系高校ならではの様々な学びが誇りだ**」としている。

⑦ 人生に役立てたい

「進路は変えたが祖父母に役立つし無駄にはならない」「福祉には進まないが高齢化社会で何らかの役に立てる」など,《1 仕事以外にも役立つ》としている。また,「障害者や高齢者について学んだので将来に活かせる」「自分がやりたいことに福祉を混ぜていければ良い」など,《2 人生に織り交ぜたい》としている。さらに,「福祉の道には進まないがボランティアは続けていく・」「今は違う道に進むが将来は介護職に就きたい・」という。以上のことから,「**福祉を人生に役立てたい**」としている。

(2) **最終的な統合**

入学時に福祉系進路を希望していて卒業時に一般系進路に変更した生徒は,第1に,《1 理想と現実の差に落胆した》《2 現場に失望することがあった》という。以上のことから,「**① 現場に失望:理想と異なる現場にショックを受けた**」としている。

第2に,《1 適職でないと思った》《2 無理と3年実習で感じた》《3 福祉職はまだ早かった》としている。さらに,「精神的にも身体的にも福祉職は無理だと感じた・」「実習で技術や知識不足を知ることができた・」とする。以

上のことから,「② 無理だと見極め：自己の適性や限界から無理と見極めた」としている。

第3に,《1 人として成長できた》《2 人との出会いで成長できた》《3 心に残る大切な経験をした》《4 繋がりや関わりを体得した》とする。以上のことから,「③ 関わって成長：人や社会と大事に関わる経験で成長した」としている。

第4に,《1 他の専門職を知った》《2 進路と真剣に向き合った》「実習や国試のプレッシャーのお陰で進路がはっきりした・」「福祉を学んでもっと幅広く勉強したくなり一般進学を決めた・」「進路に迷いながら考えて納得のいく進路を決めた・」とする。以上のことから,「④ 進路に向き合う：広く真剣に将来や進路と向き合った」としている。

第5に,《1 他の職業にも活かせる》《2 働くことの厳しさを知った》《3 専門職間の連携を学んだ》とする。以上のことから,「⑤ 働くことの基礎力：働く上で基礎となる力を培った」としている。

第6に,《1 知識・技術・理念が身についた》《2 高校で良い福祉の学びを得た》《3 普通科にはない勉強ができた》《4 進路は異なるが福祉資格が取得できた》と評価している。さらに,「一般進路に進むが福祉を学び良い高校生活が送れた・」「実習は福祉に進まなくても社会を知る良い機会だ・」という。以上のことから,「⑥ 固有の学習成果：福祉系高校ならではのさまざまな学びが誇りだ」としている。

第7に,《1 仕事以外にも役立つ》《2 人生に織り交ぜたい》としている。さらに,「福祉の道には進まないがボランティアは続けていく・」「今は違う道に進むが将来は介護職に就きたい・」という。以上のことから,「⑦ 人生に役立てたい：福祉を人生に役立てたい」としている。

以上のことから,これら7つの最終的な島を統合すると,「福祉から一般」を選択したのは,学びを通し手厳しい福祉現場や自己の適性と向き合い,『葛藤と見極め：葛藤の中で福祉から撤退した』生徒である。

第4項「一般から一般」

(1) **各島の叙述**（図6-4を参照）

① 想像を超えた困難

　入学時に一般系進路を希望していて卒業時にも一般系進路を希望する生徒は，「実習はとてもきつかったし朝早くて大変だった」「とても苦労をして実習は難しいことばかりだった」など，《１　実習は困難な経験だった》としている。また，「福祉の現状や職に就くことの大変さを学んだ」「ボランティアと違って実習で仕事の大変さが分かった」「思った以上に大変で生命に関わる仕事だと分かった」など，《２　福祉職の重大さを痛感した》とする。さらに，「残念ながら自分に福祉は向いていないと再確認した・」「若い頃から仕事の現実を受け止めることは大変だ・」「実習は良い経験だったが自分が情けなくなった・」「２年実習は良かったが３年は職員が全然ダメだった・」という。以上のことから，「**福祉現場は想像以上に大変だった**」としている。

② ミスマッチ

　「福祉系高校はすごく厳しく自分には合わなかった・」「ちゃんと考えて入学するべきだった・」ということから，「**福祉系高校とはミスマッチだった**」と感じている。

③ 価値の変容

　「障がい者や高齢者に優しく接して自分が変わった」「相手を敬う事を学び高齢者は人生の先輩だと実感した」「普段できない高齢者への挨拶や優しく接する事ができた」など，《１　人と触れ合い相手を大切に思えるようになった》としている。また，「先生や仲間との触れ合いを通して考え方が変わった」「この高校に入学して福祉の見方が180度変わった」など，《２　高校で価値観が変わった》という。一方，「実習で社会のことや生きる厳しさを知った」「これからの人生や老後について考えさせられた」など，《３　広く自己や社会を考えた》とする。さらに，「実習での苦しみは自分にとって大きな糧になるだろう」「実習は大変だったがその経験で人間として成長できた」「３年間は本当に苦しか

他分野に福祉を生かしたい / 他分野に生かす

② 福祉系高校とはミスマッチだった

- 福祉系高校はすごく厳しく自分には合わなかった・
- ちゃんと考えて入学するべきだった・

ミスマッチ

① 福祉現場は想像以上に大変だった

2 福祉職の重大さを痛感した
- 福祉の現状や職に就くことの大変さを学んだ
- ボランティアと違って実習で仕事の大変さが分かった
- 思った以上に大変で生命に関わる仕事だと分かった

1 実習は困難な経験だった
- 実習はとてもきつかったし朝早くて大変だった
- とても苦労をして実習は難しいことばかりだった
- 実習は良い経験だったが自分が情けなくなった・
- 残念ながら自分に福祉は向いていないと再確認した・
- 若い頃から仕事の現実を受け止めることは大変だ・
- 2年実習は良かったが3年は職員が全然ダメだった・

想像を超えた困難

⑤ 福祉系高校の学びは充実していた

1 実習で特別な学びをした
- 利用者や職員との関わりの中でたくさん学んだ
- 長時間利用者と関わって日常では知らない経験ができた
- 実習は普通に生活していては経験できない良い学びだった

2 高校で学べてありがたかった
- この高校で実習や福祉の勉強ができて良かった
- 高校と福祉関係者の方々に本当に心から感謝している
- 将来は舞台の仕事を選んだが3年間学べて良かった・

学びの独自性

④ 福祉の学びで進路を見極めた

1 福祉系高校で進路をみつけた
- 福祉の授業で色々な職業の話を聞き進路に役立った
- 福祉科に入り学んだからこそやりたい仕事が見つかった

2 実習が進路に役立った
- 実習を通して自分が福祉の仕事に合っているか分かった
- 実習に行ったことで進路を決める時にとても役立った

進路の吟味

③ 苦労が視野を広げ価値観を変えた

1 人と触れ合い相手を大切に思えるようになった
- 障がい者や高齢者に優しく接して自分が変わった
- 相手を敬う事を学び高齢者は人生の先輩だと実感した
- 普段できない高齢者への挨拶や優しく接する事ができた

2 高校で価値観が変わった
- 先生や仲間との触れ合いを通して考え方が変わった
- この高校に入学して福祉の見方が180度変わった

3 広く自己や社会を考えた
- 実習で社会のことや生きる厳しさを知った
- これからの人生や老後について考えさせられた

4 苦しい学びが糧となり成長できた
- 実習での苦しみは自分にとって大きな糧になるだろう
- 実習は大変だったがその経験で人間として成長できた
- 3年間は本当に苦しかったがとても成長できた

価値の変容

⑥ 福祉の学びは将来役に立つ

1 相手の気持ちを考えて行動する事は役に立つ
- 相手の気持ちを考えて行動する事は必ず将来に役立つ
- 人の気持ちを考える訓練はいつか役に立つと思う

2 仕事以外でも技術や知識は生かせる
- 福祉の仕事ではなくボランティアとして役立てたい
- 福祉職に就かなくても必ず将来に役立つと思う
- コミュニケーション等が生活や仕事に活かせる

3 家族介護などに将来生かしたい
- ヘルパー資格を将来は親や家族に役立てたい
- 3年間の学びは家族の介護やボランティアに役立てたい
- 福祉に進まないが将来は両親の介護などに生かしたい

4 資格は将来に生かす場面があるはずだ
- 違った道でやっていけ仕事がない時だけ福祉資格を使う
- 資格は将来の道が大きく広がると思う
- 年を取ったら福祉の仕事もできる

将来への有用性

1) 2012.1.25　2) 美浜キャンパス
3) 一般から一般　4) 岡多枝子

図6-4　KJ法全体図解「一般から一般」

ったがとても成長できた」と，《4 苦しい学びが糧となり成長できた》とする。以上のことからは，「**苦労が視野を広げ価値観を変えた**」としている。

④ 進路の吟味

「福祉の授業で色々な職業の話を聞き進路に役立った」「福祉科に入り学んだからこそやりたい仕事が見つかった」など，《1 福祉系高校で進路をみつけた》としている。また，「実習を通して自分が福祉の仕事に合っているか分かった」「実習に行ったことで進路を決める時にとっても役立った」など，《2 実習が進路に役立った》という。以上のことから，「**福祉の学びで進路を見極めた**」としている。

⑤ 学びの独自性

「利用者や職員との関わりの中でたくさん学んだ」「長時間利用者と関わって日常では知らない経験ができた」「実習は普通に生活していては経験できない良い学びだった」など，《1 実習で特別な学びをした》としている。また，「この高校で実習や福祉の勉強ができて良かった」「高校と福祉関係者の方々に本当に心から感謝している」など，《2 高校で学べてありがたかった》としている。さらに，「将来は舞台の仕事を選んだが3年間学べて良かった・」という。以上のことから，「**福祉系高校の学びは充実していた**」としている。

⑥ 将来への有用性

「相手の気持ちを考えて行動する事は必ず将来に役立つ」「人の気持ちを考える訓練はいつか役に立つと思う」など，《1 相手の気持ちを考えて行動する事は役に立つ》としている。また，「福祉の仕事ではなくボランティアとして役立てたい」「福祉は職に就かなくても必ず将来に役立つと思う」「コミュニケーション等が生活や仕事に活かせる」など，《2 仕事以外でも技術や知識は活かせる》としている。さらに，「ヘルパー資格を将来は親や家族に役立てたい」「3年間の学びは家族の介護やボランティアに役立てたい」「福祉に進まないが将来は両親の介護などに生かしたい」など，《3 家族介護などに将来生かしたい》とする。一方，「違った道でやって仕事がなかった時だけ福祉資格を使う」「資

格は将来の道が大きく広がると思う」「年をとったら福祉の仕事もできる」など，《4 資格は将来に生かす場面があるはずだ》という。以上のことから，「**福祉の学びは将来役に立つ**」としている。

(2) **最終的な統合**

　入学時に一般系進路を希望していて卒業時にも一般系進路を選択する生徒は，第1に，《1 実習は困難な経験だった》《2 福祉職の重大さを痛感した》とする。さらに，「残念ながら自分に福祉は向いていないと再確認した・」「若い頃から仕事の現実を受け止めることは大変だ・」「実習は良い経験だったが自分が情けなくなった・」「2年実習は良かったが3年は職員が全然ダメだった・」という。以上のことから，「**① 想像を超えた困難：福祉現場は想像以上に大変だった**」と感じている。

　第2に，「福祉系高校はすごく厳しく自分には合わなかった・」「ちゃんと考えて入学するべきだった・」ということから，「**② ミスマッチ：福祉系高校とはミスマッチだった**」と感じている。

　第3に，《1 人と触れ会い相手を大切に思えるようになった》《2 高校で価値観が変わった》《3 広く自己や社会を考えた》《4 苦しい学びが糧となり成長できた》とする。以上のことからは，「**③ 価値の変容：苦労が視野を広げ価値観を変えた**」としている。

　第4に，《1 福祉系高校で進路をみつけた》《2 実習が進路に役立った》という。以上のことから，「**④ 進路の吟味：福祉の学びで進路を見極めた**」としている。

　第5に，《1 実習で特別な学びをした》《2 高校で学べてありがたかった》としている。さらに，「将来は舞台の仕事を選んだが3年間学べて良かった・」という。以上のことから，「**⑤ 学びの独自性：福祉系高校の学びは充実していた**」としている。

　第6に，《1 相手の気持ちを考えて行動する事は役に立つ》《2 仕事以外で

も技術や知識は活かせる》《3 家族介護などに将来生かしたい》《4 資格は将来に生かす場面があるはずだ》という。従って,「⑥ **将来への有用性：福祉の学びは将来役に立つ**」としている。

　以上のことから，これら6つの最終的な島を統合すると，「一般から一般」を選択したのは，想像以上に厳しい福祉現場で自己とのミスマッチを痛感するとともに福祉の学びを通して得た知識や技術を評価して，『**他分野に生かす：他分野に福祉を生かしたい**』とする生徒である。

第4節 進路選択（卒業時）

　次に同データを用いて，卒業時の進路選択によるレリバンスを検討するために，「福祉就職」「福祉進学」「一般就職」「一般進学」「未定」の5つのタイプ別に記述内容をKJラベルに転記し，それぞれ「多段ピックアップ」によってラベルを厳選した。その結果得られたラベルを元ラベルとして，それぞれに狭義のKJ法を行って，5つのタイプ別のKJ法図解が得られた。以下にその内容を「叙述化」した。

第1項 「福祉就職」

(1) **各島の叙述**（図6-5を参照）

① 高校の充実した学び

　福祉就職を選択した生徒は，「先輩が国家試験を頑張る姿を見て私も頑張りたいと思った」，「友達の大切さや生命の重みを感じるようになった」などのように，《1 高校で仲間とともに学んだ》と感じている。また「ヘトヘトになる苦労を超えて悔しさをバネに頑張った」「大卒者の方にも引けをとらないだけの事はやってきた」など，《2 困難な学びを頑張り通した》としている。そして，「高校で介護福祉士の資格が取れたから今の私がある」「大学より高校から福祉を学ぶと進学でも就職でもできる」など，《3 早く専門を学ぶと道が広がる》

【深く関わって福祉就職を決めた】　　　★福祉職で頑張る!★

① 福祉系高校の独自な環境に恵まれて深く熱く学んだ

1 高校で仲間とともに学んだ	2 困難な学びを頑張り通した	3 早く専門を学ぶと道が広がる	4 先生方がしっかり支えてくれた
先輩が国家試験を頑張る姿を見て私も頑張りたいと思った	ヘトヘトになる苦労を超えて悔しさをバネに頑張った	高校で介護福祉士の資格が取れたから今の私がある	福祉の先生方に助けられたので進路が実現したと思う	実習経験をその後の高校の授業に生かして学んだ.
友達の大切さや生命の重みを感じるようになった	大卒者の方にも引けをとらないだけの事はやってきた	大学より高校から福祉を学ぶと進学でも就職でもできる	先生方に大切な事をたくさん教えていただき感謝している	

◆高校の充実した学び◆

② 福祉の専門的な学びを得た

コミュニケーション技術や言葉の難しさを学んだ.	認知症の方から多くを学び優しさと力をいただいた.	人を全てひとりの人間として受け入れる大切さを学んだ.

◆専門的学び◆

③ 福祉の学びで自分を相対化できるようになった

実習で自分の未熟な部分をたくさん見つける事ができた.	多くの人びとと出会い自分も社会の一員だと存在を実感した.

◆自己の相対化◆

④ 福祉現場で働く意欲・覚悟が定まる

1 福祉に適性を感じた	2 大変だからこそ頑張りたい
自分は福祉がこんなに好きだと気づいて働くと決めた	現場の厳しさに私もここに入って頑張りたいと思った	利用者の暴言が辛かったが福祉職の奥深さを知れた
利用者と接して自分が福祉職に向いていると分かった	苦労した経験があったからこそ頑張ろうと思えた	現場の人手不足に私も早く働いて貢献したいと思った
人の嫌がる仕事も引き受けて福祉がもっと好きになった		終末期の介助は並大抵でないがやる気があり大丈夫だ

3 福祉の仕事に抱負がある
私も職員として後輩に良い指導ができるように努力したい	就職して5年後にはケアマネ資格を取得したい	実習で職員を見てこんな人になりたいと思い就職を決めた
知識・技術を向上させて質の高い介護士になりたい	進学するより早く現場の第一線に役立ちたい	

⑤ 社会や高校に改善してほしい事がある

1 福祉系高校を正当にみてほしい	2 実習先に改善してほしいことがある
人手不足なのに高校生の資格はいかんとかおかしいと思う	実習で役に立った施設と「これが福祉?」という施設があった
高校というだけで批判したり未熟だと思わないでほしい	実習生からも施設の評価をできるようにしてほしい

3 高校福祉教育を充実させたい	4 社会的評価の見直しを求めたい
福祉系高校の特色をもっと引き出せれば良い	福祉を大変で汚い仕事という先入観で判断しないでほしい
全ての高校で福祉教育ができると良い	福祉分野の雇用水準は決して高くないので見直しが必要だ
進学も考えたが家の事情でできなかったので少し残念だ	

◆働く意欲・覚悟◆　　◆改善の提言◆

1) 2012.4.29　2) 美浜キャンパス
3) 福祉就職　4) 岡多枝子

図6-5　KJ法全体図解「福祉就職」

と感じている。一方,「福祉の先生方に助けられたので進路が実現したと思う」「先生方に大切な事をたくさん教えていただき感謝している」など,《4 先生方がしっかり支えてくれた》と感じている。さらに,「実習経験をその後の高校の授業に生かして学んだ・」とも感じている。以上のことから,福祉就職を選択した生徒は,「福祉系高校の独自な環境に恵まれて深く熱く学んだ」としている。

② 専門的学び

「コミュニケーション技術や言葉の難しさを学んだ・」「認知症の方から多くを学び優しさと力をいただいた・」「人を全てひとりの人間として受け入れる大切さを学んだ・」など,福祉系高校での実習や授業を通して,「福祉の専門的な学びを得た」と評価している。

③ 自己の相対化

「実習で自分の未熟な部分をたくさん見つける事ができた・」「多くの人びとと出会い自分も社会の一員だと存在を実感した・」など,改めて自己と向き合う経験を通して,「福祉の学びで自分を相対化できるようになった」と感じている。

④ 働く意欲・覚悟

「自分は福祉がこんなに好きだと気づいて働くと決めた」「利用者と接して自分が福祉職に向いていると分かった」「人の嫌がる仕事も引き受けて福祉がもっと好きになった」など,《1 福祉に適性を感じた》としている。また,「現場の厳しさに私もここに入って頑張りたいと思った」「苦労した経験があったからこそ頑張ろうと思えた」「利用者の暴言が辛かったが福祉職の奥深さを知れた」「現場の人手不足に私も早く働いて貢献したいと思った」「終末期の介助は並大抵でないがやる気があり大丈夫だ」など,《2 大変だからこそ頑張りたい》と感じている。そして,「私も職員として後輩に良い指導ができるように努力したい」「知識・技術を向上させて質の高い介護士になりたい」「就職して5年後にはケアマネ資格を取得したい」「進学するより早く現場の第一線に役

立ちたい」など,《3 福祉の仕事に抱負がある》とする。さらに,「実習で職員を見てこんな人になりたいと思い就職を決めた・」とも感じている。以上のことから,「**福祉現場で働く意欲・覚悟が定まる**」経験をしている。

⑤ 改善の提言

「人手不足なのに高校生の資格はいかんとかおかしいと思う」「高校というだけで批判したり未熟だと思わないでほしい」など,福祉系高校での資格取得などに対する社会の厳しい眼差しに,《1 福祉系高校を正当にみてほしい》と声をあげている。また,実習先での経験を顧みて,「実習で役に立った施設と『これが福祉?』という施設があった」「実習生からも施設の評価をできるようにしてほしい」などと,《2 実習先に改善してほしいことがある》と感じている。そして,「福祉系高校の特色をもっと引き出せれば良い」「全ての高校で福祉教育ができると良い」として,《3 高校福祉教育を充実させたい》と感じている。一方,「福祉を大変で汚い仕事という先入観で判断しないでほしい」「福祉分野の雇用水準は決して高くないので見直しが必要だ」などとして,《4 社会的評価の見直しを求めたい》とする。なかには,「進学も考えたが家の事情でできなかったので少し残念だ・」などのように,福祉をより専門的に学ぶための経済援助などに対する課題も提示されている。以上のことから,「**社会や高校に改善してほしい事がある**」としている。

(2) **最終的な統合**

卒業時に福祉就職を選択する生徒は,第1に,《1 高校で仲間とともに学んだ》《2 困難な学びを頑張り通した》《3 早く専門を学ぶと道が広がる》《4 先生方がしっかり支えてくれた》と感じている。さらに,「実習経験をその後の高校の授業に生かして学んだ・」とも感じている。以上のことから,福祉就職を選択した生徒は,「**① 高校の充実した学び:福祉系高校の独自な環境に恵まれて深く熱く学んだ**」としている。

第2に,「コミュニケーション技術や言葉の難しさを学んだ・」「認知症の方

から多くを学び優しさと力をいただいた・」「人を全てひとりの人間として受け入れる大切さを学んだ・」など，福祉系高校での実習や授業を通して，「② **専門的学び：福祉の専門的な学びを得た**」と評価している。

　第3に，「実習で自分の未熟な部分をたくさん見つける事ができた・」「多くの人びとと出会い自分も社会の一員だと存在を実感した・」など，改めて自己と向き合う経験を通して，「③ **自己の相対化：福祉の学びで自分を相対化できるようになった**」と感じている。

　第4に，《1 福祉に適性を感じた》《2 大変だからこそ頑張りたい》《3 福祉の仕事に抱負がある》とする。さらに，「実習で職員を見てこんな人になりたいと思い就職を決めた・」とも感じている。以上のことから，「④ **働く意欲・覚悟：福祉現場で働く意欲・覚悟が定まる**」経験をしている。

　第5に，《1 福祉系高校を正当にみてほしい》《2 実習先に改善してほしいことがある》《3 高校福祉教育を充実させたい》《4 社会的評価の見直しを求めたい》とする。なかには，「進学も考えたが家の事情でできなかったので少し残念だ・」などのように，福祉をより専門的に学ぶための経済援助などに対する課題も提示されている。従って，「⑤ **改善の提言：社会や高校に改善してほしい事がある**」としている。

　以上のことから，これら5つの最終的な島を統合すると，「福祉就職」を選択したのは，福祉現場の理念と困難の両面を体得して，『**福祉職で頑張る！：深く関わって福祉就職を決めた**』とする生徒である。

第2項 「福祉進学」

(1) **各島の叙述**(図6-6を参照)

① 専門志向

　福祉進学を選択した生徒は第1に，「利用者一人ひとりが全く違いもっと勉強が必要だと思った」「幅広く福祉の専門性を高めたいと大学進学を決意した」「利用者に学び進学して知識をつけたいと強く思った」など，《1 もっと専門

福祉進学して専門性を高めたい　　福祉の専門性志向

① 福祉の専門性を高めたいと思った

1 もっと専門的に学びたいと思った
- 利用者一人ひとりが全く違うもっと勉強が必要だと思った
- 幅広く福祉の専門性を高めたいと大学進学を決意した
- 利用者に学び進学して知識をつけたいと強く思った

2 社会福祉士の業務に関心を持った
- 社会福祉士に魅力を感じ社会福祉を学ぶ大学を選んだ
- 相談業務に就いて利用者を援助したいと思うようになった

3 専門職と出会って進路を決めた
- 実習先の職員さんと同じ仕事に就きたくて進学を決めた
- 栄養士や障がい児施設の保育士との出会いで進路を決めた

4 実習で具体的な進路が明確になった
- 在宅介護支援センター実習でやりたいことがはっきりした
- 実習で言語に障がいがある方と接した事で進路を決めた
- 医療福祉系に進学する夢に出会えた

5 心理を学んで良いケアにつなげたい
- より良い介護や信頼関係を高めるも心理学を学びたい
- 身体ケアだけでなく心理的ケアも重要だと思うようになった

6 子どもの福祉に携わりたい
- 児童虐待等で元気がない子のお世話をしたいと思った
- 実習で保育関係の仕事が合っていると感じた

7 リハビリの重要性を知った
- リハビリ、介護予防トレーナーに興味を持ち進路を決めた
- 理学療法士らと話すことができ進路が広がった

8 実習で福祉への思いが高まった
- 障がい者や認知症高齢者への見方が変わり進路を決めた
- 職場での大変さがわかったが益々気になった
- 現場での嬉しさに福祉の仕事の良さはこれだろうと思った
- 介護技術を学び人に役立つ仕事への気持ちが強まった
- 母の影響で福祉職を目指したが実習で思いが高まった

ピアノで昔の曲を楽しんでもらう音楽療法を学びたい‥

専門志向

② 介護に抵抗を覚え福祉進学に決めた

1 知識・技術の不足を感じた
- 現場で知識と技術不足を感じて進学への意志を固めた
- 色んな施設も見たいし知識や経験も足りないので進学する

2 介護現場に疑問を持ち距離を置いた
- 職員の態度にあんな人になりたくないと思い進学にした
- 利用者が物の様に扱われている現場をみて進学に変えた
- 施設のケアに疑問を感じたので就職には抵抗がある
- 利用者に暴言を言われて介護に関わりたくないと思った‥

介護を敬遠

⑤ 提言
- 福祉科は将来につながるのでもっと増やしてほしい‥

③ 高校の学びが進学に役立った
- 大学に行く時に福祉系高校は入試や勉強面で有利だ‥
- 4大に進学希望だったので福祉科枠で受験できて良かった‥

進学に有利

④ 福祉系高校での学びと頑張りに大きな意義を感じた

1 先生やクラスみんなで頑張った
- 普通科と専門を学ぶのは大変だが楽しく充実していた
- 3年間同じクラスで同じ目標を持って皆で頑張れた
- 先生が進路も熱心に相談に乗ってくれて良かった
- 笑顔を見る喜びや手を握るだけで心が伝わる事を知った‥

2 福祉系高校に特別な意義を感じた
- 私は福祉系高校で学んだ事を誇りに思って生きていく
- 普通科ではできない現場実習が私の人生を大きく変えた

3 大人に負けない頑張りをした
- 挨拶や記録を大学より前に実習できるのは良い
- 介護福祉士を取って人に役立つ気持ちは高校生も同じだ

高校に意義

1) 2012.4.29　2) 美浜キャンパス
3) 福祉進学　4) 岡多枝子

図6-6　KJ法全体図解「福祉進学」

的に学びたいと思った》として福祉進学を選択していた。第2に，「社会福祉士に魅力を感じ社会福祉を学ぶ大学を選んだ」「相談業務に就いて利用者を援助したいと思うようになった」など，《2 社会福祉士の業務に関心を持った》とより広範囲での福祉の在り方に興味を覚えた生徒もいた。第3に，「実習先の職員さんと同じ仕事に就きたくて進学を決めた」「栄養士や障がい児施設の保育士との出会いで進路を決めた」など，《3 専門職と出会って進路を決めた》生徒もいた。第4に，「在宅介護支援センター実習でやりたいことがはっきりした」「実習で言語に障がいがある方と接した事で進路を決めた」「医療福祉系に進学する夢に出会えた」として，《4 実習で具体的な進路が明確になった》とする。第5に，「より良い介護や信頼関係を高めるために心理学を学びたい」「身体ケアだけでなく心理的ケアも重要だと思うようになった」など，《5 心理を学んで良いケアにつなげたい》という。第6に，「児童虐待等で元気がない子のお世話をしたいと思った」「実習で保育関係の仕事が合っていると感じた」など，《6 子どもの福祉に携わりたい》として，学びを深めて子どもの心身のケアをしようという者もいる。第7に，「リハビリ，介護予防トレーナーに興味を持ち進路を決めた」「理学療法士らと話すことができ進路が広がった」と，《7 リハビリの重要性を知った》者もいた。第8に，「障がい者や認知症高齢者への見方が変わり進路を決めた」「職場での大変さがわかったが，ますますやる気になった」「現場での嬉しさに福祉の仕事の良さはこれだろうと思った」「介護技術を学び人に役立つ仕事への気持ちが強まった」「母の影響で福祉職を目指したが実習で思いが高まった」など，《8 実習で福祉への思いが高まった》としている。第9に，「ピアノで昔の曲を楽しんでもらう音楽療法を学びたい・」と，多様な専門性を導入してケアに積極的にかかわろうとしていた。以上のことから，**「福祉の専門性を高めたいと思った」**としている。

② 介護を敬遠

　「現場で知識と技術不足を感じて進学への意志を固めた」「色んな施設も見たいし知識や経験も足りないので進学する」など，《1 知識・技術の不足を感じ

た》とする生徒がいた。また,「職員の態度にあんな人になりたくないと思い進学にした」「利用者が物の様に扱われている現場をみて進学に変えた」「施設のケアに疑問を感じたので就職には抵抗がある」など,《2 介護現場に疑問を持ち距離を置いた》とした生徒もいる。さらに,「利用者に暴言を言われて介護に関わりたくないと思った・」生徒もいた。以上のことから,**「介護に抵抗を覚え福祉進学に決めた」**としている。

③ 進学に有利

「大学に行く時に福祉系高校は入試や勉強面で有利だ・」「4大に進学希望だったので福祉科枠で受験できて良かった・」など,**「高校の学びが進学に役立った」**とする生徒がいた。

④ 高校に意義

「普通科目と専門を学ぶのは大変だが楽しく充実していた」「3年間同じクラスで同じ目標を持って皆で頑張れた」「先生が進路も熱心に相談に乗ってくれて良かった」など,《1 先生やクラスみんなで頑張った》として,同じ目標を持つ仲間との励まし合いや教員による進路相談に励まされて学ぶことができた生徒がいる。また,「私は福祉系高校で学んだ事を誇りに思って生きていく」「普通科ではできない現場実習が私の人生を大きく変えた」など,《2 福祉高校に特別な意義を感じた》としている。一方,「挨拶や記録を大学より前に実習できるのは良い」「介護福祉士を取って人に役立つ気持ちは高校生も同じだ」など,高校という早い段階で実践的な学びを得ることに《3 大人に負けない頑張りをした》と自負する。さらに,「笑顔を見る喜びや手を握るだけで心が伝わる事を知った・」という者もいた。以上のことから,**「福祉系高校での学びと頑張りに大きな意義を感じた」**とする。

⑤ 提言

「福祉科は将来につながるのでもっと増やしてほしい・」として,福祉系高校での学びの成果が卒業後の人生に生きていくことから,増設することを望んでいる。

(2) 最終的な統合

卒業時に福祉進学を選択する生徒は，第1に，《1 もっと専門的に学びたいと思った》《2 社会福祉士の業務に関心を持った》《3 専門職と出会って進路を決めた》《4 実習で具体的な進路が明確になった》《5 心理を学んで良いケアにつなげたい》《6 子どもの福祉に携わりたい》《7 リハビリの重要性を知った》《8 実習で福祉への思いが高まった》「ピアノで昔の曲を楽しんでもらう音楽療法を学びたい・」と，多様な専門性を導入してケアに積極的にかかわろうとしていた。従って，「① **専門志向：福祉の専門性を高めたいと思った**」としている。

第2に，《1 知識・技術の不足を感じた》《2 介護現場に疑問を持ち距離を置いた》「利用者に暴言を言われて介護に関わりたくないと思った・」生徒もいた。従って，「② **介護を敬遠：介護に抵抗を覚え福祉進学に決めた**」としている。

第3に，「大学に行く時に福祉系高校は入試や勉強面で有利だ・」「4 大に進学希望だったので福祉科枠で受験できて良かった・」など，「③ **進学に有利：高校の学びが進学に役立った**」とする生徒がいた。

第4に，《1 先生やクラスみんなで頑張った》《2 福祉高校に特別な意義を感じた》《3 大人に負けない頑張りをした》「笑顔を見る喜びや手を握るだけで心が伝わる事を知った・」という者もいた。従って，「④ **高校に意義：福祉系高校での学びと頑張りに大きな意義を感じた**」とする。

第5に，「⑤ **提言：福祉科は将来につながるのでもっと増やしてほしい・**」として，福祉系高校での学びの成果が卒業後の人生に生きていくことから，増設することを望んでいる。

以上のことから，これら5つの最終的な島を統合すると，「福祉進学」を選択したのは，幅広い福祉の専門職やキャリアに視野を広げて，『**福祉の専門性志向：福祉進学して専門性を高めたい**』とした生徒である。

第3項「一般就職」

(1) **各島の叙述**(図6-7を参照)

① 衝撃

　一般就職を選択した者は福祉現場において，「福祉職はとても責任の重い仕事だった」「実習や仕事をしないと分からない大変さ辛さが身にしみた」など，責任の重さや仕事そのものへの《1 福祉の大変さが身にしみた》とする。また，「福祉職が希望だったが実習で絶対に無理だと分かった」「自分の技術に全く自信がなく福祉職は無理だと思った」「長時間立ち仕事できつく福祉就職はできないと思った」「コミュニケーションや人づき合いが苦手だと気づいた」「福祉は強い精神力と体力が必要で自分の考えは甘かった」ことから，《2 福祉職は無理だと痛感した》としている。さらに，「利用者への態度等が学校で習った理想と違っていた」「利用者の自己決定もなくがっかりした」など，《3 理念とのギャップに落胆した》という。従って，「**福祉現場にネガティブなショックを受けた**」としている。

② 働く土台

　「つらい仕事でも笑顔でする人を見てこれがプロなんだと思った」「実習は大変だったが仕事でも嫌になる事はたくさんあると思った」など，《1 働く事のすごさを実感した》としている。また，「相手を理解し感情をぶつけない複雑でやりがいのある仕事だ」「苦手だった人と関わる仕事に実習のおかげで就く事ができた」「人との連携や協力は他の職場でも生かせる大切な事だと思う」など，職場での人との関わり方を学べたとして，《2 人間関係の大切さを直接学んだ》とする。そして，「高齢者や障がい者との接し方を学び仕事に生かせると思った」「コミュニケーション等は福祉分野以外の職業にも役立つ」「福祉を諦めて工場に就職するが積極性や理念は通用する」など，《3 福祉の学びは他の仕事に通用する》と感じている。さらに，「一般就職して3年間の学びがムダでなかったと証明したい・」とする者もいた。以上のことから，「**他の仕事にも学びが生かせる**」としている。

第6章　生徒の実習と進路を巡るミクロレベルの質的レリバンス　143

福祉の厳しさを知り一般就職を選んだ　　　**福祉とミスマッチ**

② 他の仕事にも学びが生かせる

1 働くことのすごさを実感した
- つらい仕事でも笑顔でする人を見てこれがプロなんだと思った
- 実習は大変だが仕事でも嫌になる事はたくさんあると思った

2 人間関係の大切さを直接学んだ
- 相手を理解し感情をぶつけない複雑でやりがいのある仕事だ
- 苦手だった人と関わる仕事に実習のおかげで就く事ができた
- 人との連携や協力は他の職場でも生かせる大切な事だと思う

3 福祉の学びは他の仕事に通用する
- 高齢者や障がい者との接し方を学び仕事に生かせると思った
- コミュニケーション等は福祉分野以外の職業にも役立つ
- 福祉を諦めて工場に就職するが積極性や理念は通用する
- 一般就職して3年間の学びがムダでなかったと証明したい

① 福祉現場にネガティブなショックを受けた

1 福祉の大変さが身にしみた
- 福祉職はとても責任の重い仕事だった
- 実習や仕事をしないと分からない大変さ辛さが身にしみた

2 福祉職は無理だと痛感した
- 福祉職が希望だったが実習で絶対に無理だと分かった
- コミュニケーションや人づき合いが苦手だと気づいた
- 自分の技術に全く自信がなく福祉職は無理だと思った
- 福祉は強い精神力と体力が必要で自分の考えは甘かった
- 長時間立ち仕事できつく福祉就職はできないと思った

3 理念とのギャップに落胆した
- 利用者への態度等が学校で習った理想と違っていた
- 利用者の自己決定もなくがっかりした

働く土台　　　**衝撃**

③ 人と関わり人間的に成長した

1 人との関わりから深く学んだ
- 大変な中に感動や人とのつながりを深く知り充実していた
- 広い世界で社会の厳しさを知りさまざまな人と接して成長できた
- 多くの人と出会い人として成長することができて有意義だった

2 高齢者などを尊重するようになった
- 実習で高齢者は人生の先輩だと実感し敬うことを学んだ
- 障がい者や高齢者に対する接し方も優しく変われたと思う
- 人生の先輩方とのコミュニケーションや援助の仕方が学べた

④ 将来の人生に役立てたい

1 身近な人に役立ちたい
- 高齢者が増えるので家族介護やボランティアに役立ちたい
- 福祉の大切さは色々な場所で発揮できると思う
- 家族の介護に役立つヘルパー資格を取って良かった
- 福祉を諦めないで資格を取り将来は福祉現場で働きたい

関わりに学ぶ

⑤ 福祉を学んで専門に纏わる変化・成長を遂げた
- 福祉資格も取れて専門的知識や技術が身につき充実していた
- 他の高校ではできない学びで福祉の見方が180度変わった

専門性による成長　　　**人生に有益**

1) 2012.4.29　2) 美浜キャンパス
3) 一般就職　4) 岡多枝子

図6-7　KJ法全体図解「一般就職」

③ 関わりに学ぶ

「大変な中に感動や人とのつながりを深く知り充実していた」「広い世界で社会の厳しさを知りさまざまな人と接して成長できた」「多くの人と出会い人として成長することができて有意義だった」など，人とのつながりから自身の成長を感じて，《1 人との関わりから深く学んだ》としている。その一方で，「実習で高齢者は人生の先輩だと実感し敬うことを学んだ」「障がい者や高齢者に対する接し方も優しく変われたと思う」「人生の先輩方とのコミュニケーションや援助の仕方が学べた」など，《2 高齢者などを尊重するようになった》という。以上のことから，「**人と関わり人間的に成長した**」としている。

④ 人生に有益

「高齢者が増えるので家族介護やボランティアに役立てたい」「家族の介護に役立つヘルパー資格を取って良かった」など，《1 身近な人に役立てた》とする。また，「福祉の大切さは色々な場所で発揮できると思う・」「福祉を諦めないで資格を取り将来は福祉現場で働きたい・」とする者もいる。以上のことから，「**将来の人生に役立てたい**」としている。

⑤ 専門性による成長

「福祉資格も取れて専門的知識や技術が身につき充実していた・」「他の高校ではできない学びで福祉の見方が180度変わった・」など，普通科ではできない経験について，「**福祉を学んで専門に纏わる変化・成長を遂げた**」と感じる生徒がいた。

(2) **最終的な統合**

卒業時に一般就職を選択する生徒は，第1に，《1 福祉の大変さが身にしみた》《2 福祉職は無理だと痛感した》《3 理念とのギャップに落胆した》という。従って，「**① 衝撃：福祉現場にネガティブなショックを受けた**」としている。

第2に，《1 働くことのすごさを実感した》《2 人間関係の大切さを直接学んだ》《3 福祉の学びは他の仕事に通用する》と感じている。さらに，「一般

就職して3年間の学びがムダでなかったと証明したい・」とする者もいた。従って，「② **働く土台：他の仕事にも学びが生かせる**」としている。

第3に，《1 人との関わりから深く学んだ》《2 高齢者などを尊重するようになった》という。従って，「③ **関わりに学ぶ：人と関わり人間的に成長した**」としている。

第4に，《1 身近な人に役立てた》，「福祉の大切さは色々な場所で発揮できると思う・」「福祉を諦めないで資格を取り将来は福祉現場で働きたい・」とする者もおり，「④ **人生に有益：将来の人生に役立てたい**」としている。

第5に，「福祉資格も取れて専門的知識や技術が身につき充実していた・」，「他の高校ではできない学びで福祉の見方が180度変わった・」など，普通科ではできない経験について，「⑤ **専門性による成長：福祉を学んで専門に纏わる変化・成長を遂げた**」と感じる生徒がいた。

以上のことから，これら5つの最終的な島を統合すると，「一般就職」を選択したのは，3年間の学びの経験は今後の職業や社会生活の上で有用であると感じており，他の高校でできない専門的な学びのなかで自己の成長を実感している。しかし，福祉現場の厳しさに直面して，理念と現実の落差や仕事の大変さに衝撃を受け，自己との葛藤を通して福祉以外の仕事についた，『**福祉とミスマッチ：福祉の厳しさを知り一般就職を選んだ**』生徒である。

第4項「一般進学」

(1) **各島の叙述**(図6-8を参照)

① 関係の重要性

「福祉の多様な学びから人として大切なことを教わった」「実習の苦労や楽しさに精神的にも人間的にも成長できた」「苦手だった人との会話や思いやりの大切さを学べた」など，苦手なことを克服していくなかで《1 人として大切なことを学んだ》とした生徒がいた。また，「人間関係の難しさや嬉しさを沢山学ぶことができた」「利用者から多くを学び社会勉強になり人間的に成長で

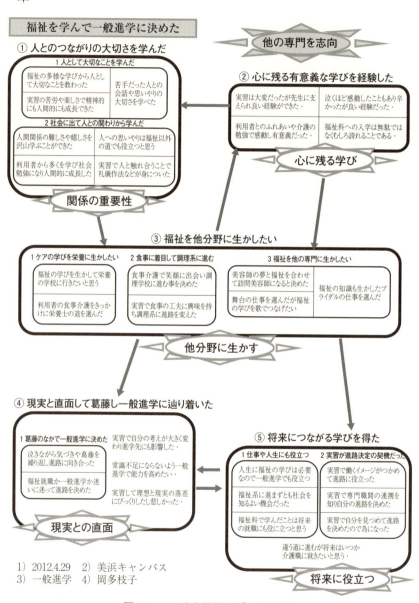

図6-8　KJ法全体図解「一般進学」

きた」「人への思いやりは福祉以外の道でも役立つと思う」「実習で人と触れ合うことで礼儀作法などが身についた」など，人に対する思いやりや人間関係の難しさなど《2 社会に出て人との関わりから学んだ》という。以上のことから，**「人とのつながりの大切さを学んだ」**としている。
② 心に残る学び
　「実習は大変だったが先生に支えられ良い経験ができた・」「利用者とのふれあいや介護の勉強で感動し有意義だった・」「泣くほど感動したこともあり辛かったが良い経験だった・」「福祉科への入学は無駄ではなくむしろ誇れることである・」などとする。以上のことから，**「心に残る有意義な学びを経験した」**としている。
③ 他分野に生かす
　「福祉の学びを生かして栄養の学校に行きたいと思う」「利用者の食事介護をきっかけに栄養士の道を選んだ」など，介護食への細かな気遣いなどを経験して《1 ケアの学びを栄養に生かしたい》と感じる生徒がいた。また，「食事介護で笑顔に出会い調理学校に進む事を決めた」「実習で食事の工夫に興味を持ち調理系に進路を変えた」など，食そのものをより深く知るために《2 食事に着目して調理系に進む》生徒もいた。さらに，「美容師の夢と福祉を合わせて訪問美容師になると決めた」「舞台の仕事を選んだが福祉の学びを歌でつなげたい」「福祉の知識も生かしたブライダルの仕事を選んだ」など，学びを生かして新たな福祉を模索しようと，《3 福祉を他の専門に生かしたい》という生徒もいた。以上のことから，**「福祉を他の分野に生かしたい」**としている。
④ 現実との直面
　「泣きながら気づきや葛藤を繰り返し進路に向き合った」「福祉就職か一般進学か迷いに迷って進路を決めた」など，《1 葛藤のなかで一般進学を決めた》生徒もいた。また，「実習で自分の考えが大きく変わり進学先にも影響した・」「常識不足にならないよう一般進学で能力を高めたい・」「実習して理想と現実の落差にびっくりしたし悲しかった・」など，理想と現実の溝を埋めたり，一

般教養を深めたりしたいと考える生徒もいた。以上のことから，**「現実と直面して葛藤し一般進学に辿り着いた」**としている。

⑤ 将来に役立つ

「人生に福祉の学びは必要なので一般進学でも役立つ」「福祉系に進まずとも社会を知るよい機会だった」「福祉科で学んだことは将来の就職にも役に立つと思う」など，《1 将来の仕事や人生にも役立つ》と感じる生徒がいた。また，「実習で働くことへイメージがつかめて進路に役立った」「実習で専門職間の連携を知り自分の進路を決めた」「実習で自分を見つめて進路を決めたので為になった」と，今後に生かせる学びをしたことから《2 実習が進路を見つめる契機だった》という生徒がいた。さらに，「違う道に進むが将来はいつか介護職に就きたいと思う・」者もいた。以上のことから，**「将来につながる学びを得た」**としている。

(2) 最終的な統合

卒業時に一般進学を選択する生徒は，第1に，《1 人として大切なことを学んだ》《2 社会に出て人との関わりから学んだ》という。従って，「**① 関係の重要性：人とのつながりの大切さを学んだ**」としている。

第2に，「実習は大変だったが先生に支えられ良い経験ができた・」「利用者とのふれあいや介護の勉強で感動し有意義だった・」「泣くほど感動したこともあり辛かったが良い経験だった・」「福祉科への入学は無駄ではなくむしろ誇れることである・」などとする。以上のことから，「**② 心に残る学び：心に残る有意義な学びを経験した**」としている。

第3に，《1 ケアの学びを栄養に生かしたい》《2 食事に着目して調理系に進む》《3 福祉を他の専門に生かしたい》という生徒もいた。従って，「**③ 他分野に生かす：福祉を他の分野に生かしたい**」としている。

第4に，《1 葛藤のなかで一般進学を決めた》「実習で自分の考えが大きく変わり進学先にも影響した・」「常識不足にならないよう一般進学で能力を高

めたい・」「実習して理想と現実の落差にびっくりしたし悲しかった・」など，理想と現実の溝を埋めたり，一般教養を深めたりしたいと考える生徒もいた。従って，「④ **現実との直面：現実と直面して葛藤し一般進学に辿り着いた**」としている。

第5に，《1 将来の仕事や人生にも役立つ》《2 実習が進路を見つめる契機だった》「違う道に進むが将来はいつか介護職に就きたいと思う・」者もいた。従って，「⑤ **将来に役立つ：将来につながる学びを得た**」としている。

以上のことから，これら6つの最終的な島を統合すると，一般進学を選択したのは，『**他の専門を志向：福祉を学んで一般進学に決めた**』生徒である。

第5項「未定」

(1) **各島の叙述**(図6-9を参照)

① ミスマッチ

未定の生徒は，「実習で思っていた以上に大変な仕事だと感じた・」「実際に自分が将来したいこととはかけ離れていた・」「この仕事をするには体力をつけなくてはいないと思った・」「高齢者の気持ちも分からず何もできないから無理だった・」「就職したかったが実習で自分に合っていないと思った・」など，「**福祉職は無理だと痛感した**」としている。

② 学びによる成長

「この高校で良い先生と友達に会えて本当に嬉しかった」「学びや実習に達成感や感動的な事があり楽しかった」として，《1 福祉の学びは楽しかった》と感じる生徒がいた。また，「実習をさせてもらって技術や知識が深まった」「利用者への思いやりや地域との関わり方を改めて知った」「心構えや技術を学べたので働く時に役立つと思う」など，《2 福祉の知識や技術が身についた》という。そして，「自分の生き方を見直し人の役に立つ大切さを学んだ」，「実習で自分に自信が持てるようになった」と，《3 自己と向き合い成長できた》と感じる生徒もいた。一方，「実習で社会をみるので進路選択に役立つと思う」

後悔と満足の間で未定のまま逡巡している　　　　　　　　　逡巡

① 福祉職は無理だと痛感した

実習で思っていた以上に大変な仕事だと感じた・	この仕事をするには体力をつけなくてはいけないと思った・	就職したかったが実習で自分に合っていないと思った・
実際に自分が将来したいこととはかけ離れていた・	高齢者の気持ちも分からず何もできないから無理だった・	

ミスマッチ

② 福祉を学んで成長できて良かった

1 福祉の学びは楽しかった
- この高校で良い先生と友達に会えて本当に嬉しかった
- 学びや実習に達成感や感動的な事があり楽しかった

2 福祉の知識や技術が身についた
- 実習をさせてもらって技術や知識が深まった
- 利用者への思いやりや地域との関わり方を改めて知った
- 心構えや技術を学べたので働く時に役立つと思う

3 自己と向き合い成長できた
- 自分の生き方を見直し人の役に立つ大切さを学んだ
- 実習で自分に自信が持てるようになった

4 社会的経験で人生観が変わる
- 実習で社会をみるので進路選択に役立つと思う
- やんちゃしてた人も福祉系高校だと人生を変えられる

実習最終日に泣きそうな位の嬉しい経験をした・

学びによる成長

③ しっかり取り組めば良かった

- やっぱり福祉の仕事に就けば良かったと後悔している・
- 今の時期にやっと福祉の良さが少しずつ分かってきた・
- 進路を決めるのにしっかり悩んで決めればよかった・
- やるべきことや友達関係から逃げてたくさん失敗した・

後悔

④ 学びを将来に生かしたい

- 福祉を学び未来の自分を成長させていきたい・
- いつか在宅生活を援助する仕事に就きたい・
- これからもボランティアなどには参加したい・
- 利用者とのコミュニケーションは今後の仕事に役立つ・

将来に生かそう

1) 2012.4.29　2) 美浜キャンパス　3) 未定　4) 岡多枝子

図 6-9　KJ 法全体図解「未定」

「『やんちゃ』してた人も福祉系高校だと人生を変えられる」など,《4 社会的経験で人生観が変わる》としている。さらに,「実習最終日に泣きそうな位の嬉しい経験をした・」者もいる。以上のことから,「**福祉を学んで成長できて良かった**」と感じている。

③ 後悔！

「やっぱり福祉の仕事に就けば良かったと後悔している・」「進路を決めるのにしっかり悩んで決めればよかった・」「今の時期にやっと福祉の良さが少しずつ分かってきた・」「やるべきことや友達関係から逃げてたくさん失敗した・」などとして,福祉系高校の生活に対して,「**しっかり取り組めば良かった**」と後悔している。

④ 将来に生かそう

「福祉を学び未来の自分を成長させていきたい・」「これからもボランティアなどには参加したい・」「いつか在宅生活を援助する仕事に就きたい・」「利用者とのコミュニケーションは今後の仕事に役立つ・」とする。以上のことから,福祉系高校での「**学びを将来に生かしたい**」と抱負を抱いている。

(2) 最終的な統合

卒業時に未定でいる生徒は,厳しい福祉現場に立って,第1に,「実習で思っていた以上に大変な仕事だと感じた・」「実際に自分が将来したい事とはかけ離れていた・」「この仕事をするには体力をつけなくてはいないと思った・」「高齢者の気持ちも分からず何もできないから無理だった・」「就職したかったが実習で自分に合っていないと思った・」など,「**① ミスマッチ：福祉職は無理だと痛感した**」としている。

第2に,《1 福祉の学びは楽しかった》《2 福祉の知識や技術が身についた》《3 自己と向き合い成長できた》《4 社会的経験で人生観が変わる》「実習最終日に泣きそうな位の嬉しい経験をした・」者もいる。従って,「**② 学びによる成長：福祉を学んで成長できて良かった**」と感じている。

第3に,「やっぱり福祉の仕事に就けば良かったと後悔している・」「進路を決めるのにしっかり悩んで決めればよかった・」「今の時期にやっと福祉の良さが少しずつ分かってきた・」「やるべきことや友達関係から逃げてたくさん失敗した・」などとして，福祉系高校の生活に対して,「③ **後悔！：しっかり取り組めば良かった**」と後悔している。

　第4に,「福祉を学び未来の自分を成長させていきたい・」「これからもボランティアなどには参加したい・」「いつか在宅生活を援助する仕事に就きたい・」「利用者とのコミュニケーションは今後の仕事に役立つ・」とする。従って，福祉系高校での「④ **将来に生かそう：学びを将来に生かしたい**」と抱負を抱いている。

　これら4つの最終的な島を統合すると,「未定」でいるのは進路選択を前に『**逡巡：後悔と満足の間で未定のまま逡巡している**』生徒である。

第5節 実習と進路選択に関する KJ 法によるまとめ

第1項 進路選択タイプ(入学時と卒業時)に関するまとめ

　実習と進路選択に関する生徒の自由記述をもとにKJ法による質的研究を行い，入学時と卒業時の進路選択タイプ別の4枚の全体図解を得た。それぞれの叙述化のまとめは以下のとおりである。

　第1に,「福祉から福祉」は,〈困難な現場が自己を鍛えた〉〈実習が福祉進路の確かな選択を促す〉経験だったとする。そして,〈現場に福祉の理念を見出した〉ことや,〈学びを通して進路や夢への思いを強め実現できた〉ことで,〈専門教育に誇りと自信がある〉からこそ,〈社会や高校も改善してほしい〉と要望して,『福祉現場で確かな進路を見極め』ている。従って,「福祉から福祉」は,《困難が陶冶》する《実習で進路決断》をするとともに,《理念を体感》し,《夢を強化・実現》できて《福祉科で良かった》と思うからこそ,《改善の要望》も含めて,【現場で福祉に確信】を深めている。

第2に,「一般から福祉」は,〈実習でよい経験を得て福祉に変えた〉ことや,〈実習で心が揺さぶられ福祉に変えた〉ことから,〈福祉の現場と意義をリアルに体感して見極めた〉とする。そして,〈福祉の現実と向き合い自己を成長させた〉〈入学後福祉に興味・意欲が湧いた〉〈専門性に関心が高まり福祉進学した〉など,〈苦労のなかで普通科にはない特別な学びの高校だった〉と,『福祉現場で確かな進路を見極めた』としている。従って,「一般から福祉」は,《実習で変更》,《感銘を受け変更》,《体感して見極め》など,《現場で成長》して《学習意欲喚起》による《専門志向で進学》するなど,《普通科とは違う》学びを通して,【現場で感動して福祉に】変更している。

第3に,「福祉から一般」は,〈理想と異なる現場にショックを受けた〉ことや,〈自己の適性や限界から無理と見極めた〉が,〈人や社会と大事に関わる経験で成長した〉ことで〈広く真剣に将来や進路と向き合った〉おかげで,〈働く上で基礎となる力を培った〉〈福祉系高校ならではのさまざまな学びが誇りだ〉と〈福祉を人生に役立てたい〉としながら,『葛藤のなかで福祉から撤退した』。従って,「福祉から一般」は,《現場に失望》して《無理だと見極め》るが,人と《関わって成長》して《進路に向き合う》。そして,《働くことの基礎力》を培う福祉系高校での《固有の学習成果》を《人生に役立てたい》とするなど,【葛藤と見極め】を経験した。

第4に,「一般から一般」は,〈福祉現場は想像以上に大変だった〉ので〈福祉系高校とはミスマッチだった〉が,〈苦労が視野を広げ価値観を変えた〉〈福祉の学びで進路を見極めた〉ので,〈福祉系高校の学びは充実していた〉〈福祉の学びは将来役に立つ〉として,『他分野に福祉を生かしたい』と考えている。従って,「一般から一般」は,《想像を超えた困難》から《ミスマッチ》と感じたが,《価値の変容》や《進路の吟味》ができた《学びの独自性》には《将来への有用性》があるので,【他分野に生かす】としている。

以上のことから,入学時と卒業時の進路選択の維持と変更に関する4つのタ

イプ間に，それぞれの特性が浮上した。

「福祉から福祉」型は，福祉現場のリアルで困難な学びと向き合い，『現場や自己の「負」の側面を超えて新たに成長し変容』している。福祉の『学びを通して進路や夢を実現させることができ』『福祉系高校の輪のなかでの専門教育に誇りと自信を持っている』。自らも福祉現場の一員となって現場で貢献したいと感じる一方，『実習内容の充実や福祉の社会的位置づけに対する正当な要求』を持ち，『実習が福祉進路への確かな選択を促した』。以上のことから「福祉から福祉」型は，普遍的課題や福祉理念と自己を結びつける福祉系高校での学びに対して揺るぎない自信と誇りを持つことが示された。

「一般から福祉」型は，実習により現場での経験や感銘を受けた言葉などにより『心が揺さぶられる実習で福祉系に変えた』者，厳しい現実に直面し『福祉職を丸ごとリアルに体感』し普通科がしない『福祉系高校で苦労のなかで特別な学びを得た』ことにより福祉系へと進路を変更する。また，『入学後に福祉への興味が湧』き，自己洞察や人としての成長のなかで『専門性への関心が高まり福祉進学を選択』など実習や福祉系高校の学びのなかで福祉へと接近していく様子がうかがえる。

「福祉から一般」型は，理想や楽観の通用しない現場での学びの苦労によって『実習で自分の限界や適性から即戦力にはならないと判断』した。しかし，福祉系高校の学びは広く『福祉系高校ならではの有形・無形の学びの普遍性を誇りに思う』など，『人や社会と出会い深くかかわって成長する人格陶冶の場』として機能している側面も見られる。また，福祉系高校での学びを『どんな仕事にも役立つ人間関係や連携の大切さを学べた』といった社会や仕事をする上で大切なものであると捉えている。『福祉の学びによって幅広く真剣に将来や進路と向き合った』『福祉職でなくても福祉にこだわり人生に役立てたい』など，福祉の学びを通じて自らと向き合い，将来や進路を見据えるなかで福祉を生かす道を模索している。

「一般から一般」型は，福祉の学びや現場の重さに『実習を含む福祉の学び

は想像以上の困難で厳しいものだった』と，予想とズレている距離を痛感した。しかし，『他者と触れ合い視野を広げ苦しさを糧に自己変革』を遂げるなど，仕事のやりがいや厳しさに触れながら『福祉系高校で人と関わる喜びと厳しさを学び進路を見極め』るといったポジティブに迷い進路選択していく様子が伺えた。また『福祉系高校ならではの充実した学びを強く肯定できる』『福祉の学びは領域の内外で将来役に立つはずである』など，充実した学びは将来に役立つとしている。

第2項 進路選択（卒業時）に関するまとめ

前項と同様に，卒業時の進路選択別の5枚の全体図解を得て，叙述化のまとめを以下の通り行った。

第1に，「福祉就職」は，〈福祉系高校の独自な環境に恵まれて深く熱く学んだ〉ことで，〈福祉の専門的な学びを得た〉，〈福祉の学びで自分を相対化できるようになった〉，〈福祉現場で働く意欲・覚悟が定まる〉経験を得たとする。その結果，〈社会や高校に改善してほしい事がある〉との意見も持ち，『深く関わって福祉就職を決めた』としている。従って，「福祉就職」は，《高校の充実した学び》で，《専門的学び》や《自己の相対化》，《働く意欲・覚悟》を得た。その結果，《改善の提言》も持ち，【福祉職で頑張る！】としている。

第2に，「福祉進学」は，〈福祉の専門性を高めたいと思った〉出会いや，〈介護に抵抗を覚え福祉進学に決めた〉経験をする。そして，〈高校の学びが進学に役立った〉ことや，〈福祉系高校での学びと頑張りに大きな意義を感じた〉ことから，〈福祉科は将来につながるのでもっと増やしてほしい・〉とも感じており，『福祉進学して専門性を高めたい』としている。従って，「福祉進学」は，《専門志向》や《介護を敬遠》するなかで，《進学に有利》な《高校に意義》があると《提言》も持ち，【福祉の専門性志向】をめざしている。

第3に，「一般就職」は，〈福祉現場にネガティブなショックを受けた〉が，〈他の仕事にも学びが生かせる〉，〈人と関わり人間的に成長した〉ので，〈将来

の人生に役立てたい〉とする。そして,〈福祉を学んで専門に纏わる変化・成長を遂げた〉とも感じており,『福祉の厳しさを知り一般就職を選んだ』としている。従って,「一般就職」は,現実に《衝撃》を受けたが,《働く土台》である社会との《関わりに学ぶ》経験は,《人生に有益》で,《専門性による成長》もしたが,仕事としては【福祉とミスマッチ】だった。

　第4に,「一般進学」は,〈人とのつながりの大切さを学んだ〉ことなど,〈心に残る有意義な学びを経験した〉ので,〈福祉を他の分野に生かしたい〉とする。そして,〈現実と直面して葛藤し一般進学に辿り着いた〉ことで,〈将来につながる学びを得た〉として,『福祉を学んで一般進学に決めた』としている。従って,「一般進学」は,《関係の重要性》などの《心に残る学び》を《他分野に生かす》のは,《現実との直面》があったからであり,《将来に役立つ》とするが,進路は【他の専門を志向】している。

　第5に,「未定」は,〈福祉職は無理だと痛感した〉が,〈福祉を学んで成長できて良かった〉と思い,〈しっかり取り組めば良かった〉と後悔しながらも,〈学びを将来に生かしたい〉と,『後悔と満足の間で未定のまま逡巡している』。従って,「未定」は,《ミスマッチ》も感じたが《学びによる成長》もあったことで,《後悔！》と《将来に生かそう》とする気持ちの狭間で,ゆれながら【逡巡】している。

　以上のことから,卒業時の進路選択による特性が明らかになった。
　福祉就職を選択した生徒は,①「高校から頑張って福祉を学んだ」ことにより,②「実習で生きた学びを得た」ことや③「他者と出会い自己をみつめた」としている。そして,④「福祉職を見極めて現場で働く」と決意しているが,一方では,⑤「社会や高校に意見がある」とする。
　福祉進学を選択した生徒は,福祉系高校での授業や実習を通して,①「福祉の幅広い専門性を高めたいと思った」が,②「介護に抵抗があり福祉進学に決めた」として,③「学びが福祉進学に役立った」という。そして,④「福祉高

校で意義ある学びをした」としている。

　一般就職を選択した生徒は，福祉現場の厳しさなどに直面して，①「福祉職は無理だと思った」ために，福祉以外への就職を選択したが，②「他の仕事にも学びが生かせる」と評価している。また，③「人格形成に役立つ学びを得た」として，福祉系高校での経験を，④「将来の人生に役立てたい」と感じている。

　一般進学を選択した生徒は，福祉現場での利用者や職員との出会いなどを通して，①「人とのつながりの大切さを学んだ」としており，困難に直面して立ち往生するなどの，②「心に残る有意義な学びを経験した」とする。また，実習先などで福祉以外の専門職を知る経験等によって，③「他分野に福祉が生かせる」と感じて，最終的には，④「現実と向き合い一般進学に辿り着いた」ことから，⑤「将来につながる学びを得た」としている。

　未定の生徒は，自己と福祉現場との落差に，①「福祉は無理だと痛感した」ことから，進路を決めかねている。しかし，3年間の福祉系高校での学びを振り返って，②「福祉を学んで成長できて良かった」と感じる一方，③「もっとしっかり学べば良かった」と後悔している。そして，卒業後に，④「学びを将来に生かしたい」と感じている。

第3項　福祉系高校の質的レリバンス

　ミクロレベルのレリバンスに関して，生徒の入学動機や目的が実現できたかどうか，人間的な成長をもたらしたかなどを考察する必要があると考えた。そこで，生徒の進路選択のうち，福祉の学びとの関係が最も象徴的に表れているのは，入学時に考えていた進路が卒業時にどのように変更（または維持）されているかであると考えて，進路選択プロセスの4タイプ（「福祉から福祉」「一般から福祉」「福祉から一般」「一般から一般」）と，卒業時の進路（「福祉就職」「福祉進学」「一般就職」「一般進学」「未定」）のうちで，進路を決定した者とは質の異なる「未定」を検討対象として取り上げることとした。従って，ミクロレベルにおける質的レリバンスに関する検討対象とするのは，「進路選択タイプ（入学時

と卒業時)」の4タイプと「未定」の，合計5タイプである。

第3項では，まず，量的研究の結果として，前述の5タイプの生徒がどのような実習経験を行い，どのように高校生活を評価しているのかを検討する。

その結果，福祉系高校のミクロレベルのレリバンスは，表6-1のとおり，「福祉職の選択」「福祉への変更」「専門性の獲得」「専門性の上昇志向」「職務基礎能力」「人間的成長」「将来的有用性」「進路決断」「学習意欲喚起」「福祉教育の評価」「社会への要望」「現場との乖離」「福祉は無理」「学業未達成」の14の下位概念に統合された。

先行研究で指摘されているレリバンスとの比較を行った結果，「福祉職の選択」「福祉への変更」「専門性の獲得」「専門性の上昇志向」「職務基礎能力」は，**職業的レリバンス**として，「人間的成長」「将来的有用性」「進路決断」「学習意欲喚起」「福祉教育の評価」「社会への要望」は幅広い**教育的レリバンス**として統合された。これに対して，「現場との乖離」「福祉は無理」「学業未達成」は，福祉系高校のレリバンスが認められない状態であることから**負のレリバンス**と命名した。

尚，本田(2004)の指摘する「人間形成的レリバンス」は，本研究では，「人間的成長」というレリバンスの下位概念として「進路決断」「学習意欲喚起」などとともに，「教育的レリバンス」に統合した。

本田(2004)によると，高校教育には「職業的レリバンス」と「人間形成的レリバンス」があるとされ，日本の高校では「職業的レリバンス」が不十分だと指摘されている。しかし本研究の結果から，福祉系高校には「教育的レリバンス」だけではなく，職業に関する力を育む「職業的レリバンス」の達成も見出された。以下に，進路選択(5タイプ)別の質的研究の結果を表6-1に基づいて概説する。

(1) **「福祉から福祉」の質的研究の結果**

「福祉から福祉」タイプに関する福祉系高校のレリバンス概念を叙述する。

第1に,『職業的レリバンス』に関してその下位概念である《福祉職の選択》の面からみると,「実習が福祉進路の確かな選択を促す」「学びを通して進路や夢への思いを強め実現できた」と答えている。同様に職業的レリバンスの下位概念である《専門性の獲得》では,「現場に福祉の理念を見出した」としている。第2に,『教育的レリバンス』に関しては,教育的レリバンスの下位概念である《人間的成長》では「困難な現場が自己を鍛えた」として,《福祉教育の評価》では「専門教育に誇りと自信がある」としている。さらに《社会への要望》として,「社会や高校も改善してほしい」と意見を述べている。

(2)「一般から福祉」の質的研究の結果

「一般から福祉」タイプに関する福祉系高校のレリバンス概念を叙述する。第1に,『職業的レリバンス』に関して職業的レリバンスの下位概念である《福祉職の選択》の面からみると,「福祉の現場と意義をリアルに体感して見極めた」としている。同様に《専門性の上昇志向》では,「専門性に関心が高まり福祉進学した」とする。また,《福祉への変更》では「実習で心が揺さぶられ福祉に変えた」,「実習でよい経験を得て福祉に変えた」とする。第2に,『教育的レリバンス』に関して,《人間的成長》では「福祉の現実と向き合い自己を成長させた」と答えており,《学習意欲喚起》では,「入学後福祉に興味・意欲が湧いた」としている。さらに,《福祉教育の評価》では「苦労の中で普通科にはない特別な学びの高校だった」と感じている。

(3)「福祉から一般」の質的研究の結果

「福祉から一般」タイプに関する福祉系高校のレリバンス概念を叙述する。第1に,福祉系高校のレリバンス概念である『職業的レリバンス』に関して,下位概念である《職務基礎能力》の面からみると「働く上で基礎となる力を培った」と答えている。第2に,『教育的レリバンス』に関しては,《人間的成長》では「人や社会と大事に関わる経験で成長した」と答えており,《将来的有用

性》では「福祉を人生に役立てたい」としている。また,《進路決断》では「広く真剣に将来や進路と向き合った」としており,《福祉教育の評価》では「福祉系高校ならではの様々な学びが誇りだ」と答えている。しかし第3として,『負のレリバンス』の下位概念である《現場との乖離》では「理想と異なる現場にショックを受けた」としており,《福祉は無理》では「自己の適性や限界から無理と見極めた」と答えている。

(4)「一般から一般」の質的研究の結果

　「一般から一般」のレリバンス概念は,第1に,職業的レリバンスは示されなかった。第2に,『教育的レリバンス』に関しては,下位概念である《人間的成長》では「苦労が視野を広げ価値観を変えた」と答えており,《将来的有用性》では「福祉の学びは将来役に立つ」としている。また,《進路決断》では,「福祉の学びで進路を見極めた」としており,《福祉教育の評価》では「福祉系高校の学びは充実していた」と答えている。しかし第3に,『負のレリバンス』の下位概念である《現場との乖離》では「福祉現場は想像以上に大変だった」としており,《福祉は無理》では「福祉系高校とはミスマッチだった」と感じていた。

(5)「未定」の質的研究の結果

　「未定」タイプに関する福祉系高校のレリバンス概念を叙述する。第1に,職業的レリバンスは示されなかった。第2に,『教育的レリバンス』に関して,下位概念である《人間的成長》では「福祉を学んで成長できて良かった」と答えており,《将来的有用性》では「学びを将来に生かしたい」としている。しかし第3に,『負のレリバンス』の下位概念である《福祉は無理》では「福祉職は無理だと痛感した」と答えており,《学業未達成》で「しっかり取り組めば良かった」との後悔を感じている。

表6-1 福祉系高校のレリバンス(ミクロレベル)

番号	進路選択タイプ(入学時と卒業時)					卒業時	レリバンス	
	福祉/福祉	一般/福祉	福祉/一般	一般/一般	未定	下位概念	概念
1	実習が福祉進路の確かな選択を促す 学びを通して進路や夢への思いを強め実現できた	福祉の現場と意義をリアルに体感して見極めた					福祉職の選択	職業的レリバンス
2		実習で心が揺さぶられ福祉に変えた 実習で良い経験を得て福祉に変えた				福祉への変更	
3	現場に福祉の理念を見出した					専門性の獲得	
4		専門性に関心が高まり福祉進学した				専門性の上昇志向	
5			働く上で基礎となる力を培った			職務基礎能力	
6	困難な現場が自己を鍛えた	福祉の現実と向き合い自己を成長させた	人や社会と大事に関わる経験で成長した	苦労が視野を広げ価値観を変えた	福祉を学んで成長できて良かった	人間的成長	教育的レリバンス
7			福祉を人生に役立てたい	学びは将来役に立つ	学びを将来に生かしたい	将来的有用性	
8			広く真剣に将来や進路と向き合った	福祉の学びで進路を見極めた		進路決断	
9		入学後福祉に興味・意欲が湧いた				学習意欲喚起	
10	専門教育に誇りと自信がある	苦労の中で普通科にはない特別な学びの高校だった	福祉系高校ならではの様々な学びが誇りだ	福祉系高校の学びは充実していた		福祉教育の評価	
11	社会や高校も改善してほしい					社会への要望	
12			理想と異なる現場にショックを受けた	福祉現場は想像以上に大変だった		現場との乖離	負のレリバンス
13			自己の適性や限界から無理と見極めた	福祉系高校とはミスマッチだった	福祉職は無理だと痛感した	福祉は無理	
14					しっかり取り組めば良かった	学業未達成	

注)進路選択の各項目の文章はKJ法によって導き出された全体図解の最終的な表札である

注）
1) 本研究における KJ 法による質的研究は，KJ 法教育者である川喜田晶子氏（KJ 法研修所「霧芯館」主宰）による個別スーパーヴァイズを受けながら行った。その際の研究の視点は，卒業時の進路選択をそれぞれ，① 福祉系分野への就職（以後，本書では「福祉就職」とする），② 福祉系大学などへの進学（以後，「福祉進学」とする），③ 福祉系分野以外への就職（以後,「一般就職」とする），④ 福祉系大学など以外への進学（以後,「一般進学」とする），⑤ 未定など（以後,「未定」とする）の 5 つに区分する。さらに，入学時と卒業時の進路選択の推移に着目して，入学時に福祉系分野を希望して卒業時も福祉系分野を選択（または希望，以下同様）する者（以後，本書では「福祉から福祉」とする），入学時に福祉系分野を希望して卒業時は福祉系分野以外を選択する者（以後，本書では「福祉から一般」とする），入学時に福祉系分野以外を希望して卒業時は福祉系分野を選択する者（以後，本書では「一般から福祉」とする），入学時に福祉系分野以外を希望して卒業時も福祉系分野以外を選択する者（以後，本書では「一般から一般」とする）の 4 タイプに区分して研究を行った。尚，本章は KJ 法による質的研究を柱に行っているが，第 5 節の第 3 項に関しては，KJ 法の結果から導き出された最終的な島の表札を用いて，ミクロレベルにおける福祉系高校のレリバンスの観点から，筆者の独自の判断によって吟味を行い，表 6-1 のレリバンス概念を導き出したものである。

終 章
福祉系高校の職業的及び教育的レリバンス

第1節 各章の総括

　本研究では，序章で述べた「新しい枠組みが希求される福祉社会に求められる福祉専門職の養成」という命題に基づいて，福祉系高校のレリバンスを検討した。以下に各章の総括を行う。

　序章では研究背景と研究課題の検討を行い，研究の方法を提示した。

　第1章では，先行研究の概観と整理を行い，福祉系高校生の学びと発達特性に関して，福祉観の形成と持続，職業的発達との関連に関する福祉系高校の特性を検討した。家庭環境や福祉的体験による福祉への親和性と，職業や教育におけるレリバンス概念を整理し，福祉系高校における実習体験などの福祉の学びが，生徒の高齢者観の変化や，卒業後のライフコースに肯定的な影響を及ぼすことを確認した。

　第2章では，職業教育及び福祉系高校の歴史的変遷を辿り，福祉系高校に関する国の資料などの分析を行った。その結果，① 生徒の介護福祉士国家試験合格率が全国平均より高い，② 卒業生の約6割が福祉分野を選択している，③ 卒業3年後の離職率が13.5％と低い，ことが明らかになった。従って福祉系高校は，全国的に見て，生徒の資格取得や福祉系進路，継続就労などの点で成

果をおさめており，マクロレベルにおける福祉教育政策のレリバンスが示された。

第3章では，福祉系高校教員を対象とした面接調査を実施してKJ法による質的研究を行った。その結果，最終的な島の表札(KJ法による表現)として，教員は「体験が福祉への親和性を育」み，福祉系高校での「実学が職業力を高め人格を陶冶する」と評価し，普通教育にも「福祉教育を広げていこう」と提起している。従って教員の語りから，福祉系高校には本田(2006)が重視する「職業生活や社会生活に意義を持つレリバンス」の存在が示された。しかし，「厳しい現場に生徒がゆらぐ」場面や，「つまずいた生徒の指導に苦慮」する現状も明らかになり，福祉教育のすべてにレリバンスがあるとはいえない。以上のことから，福祉教育の現場では，「自負・苦悩・普遍性」というアンビバレントな状況を抱えながら「生徒の自立を支え」ている福祉系高校教員の姿が浮上した。

第4章では，福祉系高校のレリバンスを明らかにする目的で，全国の福祉系高校233校に在籍する高校3年生に対する調査を実施して，149校，4,127名から回答を得た。本章では，資格に関する高校タイプ(資格校と教養校)に着目して，メゾレベルにおけるレリバンスの特性を比較・検討し，以下の結果を得た。①入学動機が「福祉の進路」とする生徒は両者で有意差はなかった。資格校では，「福祉の資格」，「周囲の勧め」，「普通科が嫌」を入学動機とする割合が高く，介護福祉士国家資格を取得する目的や，周囲の勧めが契機となって入学していた。教養校では，「福祉の勉強」を動機とする割合が高く，大学などへの進学を前提に福祉を学ぼうとする者が多いと考えられる。②実習では，資格校，教養校ともに，学年が上がると不安感が減少して感動体験は増加する傾向が見られた。資格校は2年実習に比して3年実習の不安感の減少が大きく，感動的体験の増加も大きい傾向が見られた。資格校は実習日数も多く，高度の専門性

終章　福祉系高校の職業的及び教育的レリバンス　165

が求められること，実習前後の福祉の授業が充実していることが影響すると考察する。教養校では，資格校に比べて「福祉は無理」と感じる割合が高かった。③ 進路では，3年間を通して資格校は福祉就職が最多であり，教養校は福祉進学が最多である。進路選択タイプ（入学時と卒業時）²⁾では，資格校が「福祉から福祉」と「一般から福祉」が多く，教養校は「一般から一般」と「福祉から一般」が多い。従って，資格校では目的の明確な生徒に専門教育を行う条件を整備し，教養校では，幅広い福祉教育と普通教育を柔軟に組み込むなど，高校の特性に合わせた教育課程の編成が重要である。④ 進路選択への満足度は，資格校と教養校での有意差はみられない。入学動機や実習経験に差異があり，進路選択の傾向も異なるためと推察できる。

第5章では，前章の調査のなかから，生徒の学びに着目してミクロレベルにおけるレリバンスを検討し，以下の結果を得た。① 入学動機が福祉の「学び，資格，進路」という「福祉目的型」の生徒が81.0%を占めており，これらの生徒は入学から卒業まで福祉系進路選択を維持する割合が高い。② 実習では，「職員から学んだ」，「利用者に学んだ」，「福祉の理念を確認した」，「将来の進路選択に役立った」，「感動的な経験をした」，「福祉現場で働きたい」という「福祉志向・能動」因子（以後，能動因子または能動性）と，「技術の未熟さを感じた」，「福祉現場の厳しさを知った」，「反省が多かった」，「知識不足を感じた」，「不安でいっぱいだった」という「現実直面・反省」因子（以後，反省因子または反省性）を抽出した。また，能動性が高い者は，入学時に一般系進路を希望していても卒業時には福祉系進路に変更しており，能動性が低い者は入学時に福祉系進路を希望していても卒業時に一般系進路を選択する傾向が示された。従って，実習現場で職員や利用者に学び，福祉の理念を確認し，感動的な体験を得るといった能動的な実習経験を得ることが福祉への進路選択に重要であると考察する。③ 進路では，福祉就職は入学時（41.7%）から低下して3年実習から増加に転じて卒業時は34.5%であり，福祉進学は入学時（30.0%）から横ばい傾向

で推移して卒業時は31.0％である。一般就職は入学時(7.9％)から増加して卒業時は15.7％であり，一般進学も入学時(8.8％)から増加して卒業時は14.4％である。未定は入学時(11.6％)から低下して卒業時は4.4％である。従って，福祉就職と福祉進学を合わせると，卒業時に65.5％が福祉系進路を選択している。また，入学から卒業までに進路希望を1回以上変更する生徒は6割強おり，実習で自信喪失や自信を回復するなどの「ゆらぎ」がみられた。さらに，生徒は，2年実習後から3年実習前の期間に最も多く進路を変更していることが明らかになった。一般に普通科高校生の進路選択が入学から比較的早い時期に決定されるのに比較して，福祉系高校生では，実習経験の後で進路の変更が行われることから，実習が進路選択に影響を与えることが確認された。④ 性別では，女子の方が入学から卒業まで福祉系進路選択を維持する割合が高い。高校生にとって福祉のイメージが高齢者介護などの印象が強いことや，対人援助を得意と感じる傾向が考えられる。⑤ 進路選択への満足度は，「非常に満足」「やや満足」と答えた者の合計が74.9％，高校生活に対して「福祉の勉強ができた(95.5％)」，「将来の人生に役立つ(95.8％)」，「全体として有意義だった(87.9％)」と肯定的であり，福祉系高校のミクロレベルのレリバンスは認められる。

第6章では，第4章の調査の自由記述(2,446名)をもとに，KJ法による質的研究による質的研究を行った。その結果，進路選択タイプ(入学時と卒業時)の特性が明らかになった。「福祉から福祉」を選択したのは，福祉の学びによって自己や現場と向き合い，福祉現場で確かな進路を見極めた生徒である。「一般から福祉」を選択したのは，実習でリアルに学び感動して福祉に変えた生徒である。「福祉から一般」を選択したのは，学びを通して厳しい福祉現場や自己の適性と向き合い，葛藤のなかで福祉から撤退した生徒である。「一般から一般」を選択したのは，想像以上に厳しい福祉現場で自己とのミスマッチを痛感するとともに福祉の学びを通して得た知識や技術を評価して，他分野に福祉を生かしたいとする生徒である。また，卒業時の進路選択の5タイプの特性も

終章　福祉系高校の職業的及び教育的レリバンス　167

明らかになった。「福祉就職」を選択したのは、福祉現場の困難と理念の両面を体得して、深く関わって福祉就職を決めた生徒である。「福祉進学」を選択したのは、幅広い福祉の専門職やキャリアに視野を広げて福祉進学して専門性を高めたいとする生徒である。「一般就職」を選択したのは、厳しい福祉現場に衝撃を受けて福祉とのミスマッチを感じて一般就職を選んだ生徒である。「一般進学」を選択したのは、福祉を学んで他の専門を志向して一般進学に決めた生徒である。「未定」でいるのは後悔と満足の間で未定のまま逡巡している生徒である。以上のなかで、実習と進路選択に強い関連があると考えられる進路選択タイプ（入学と卒業）と卒業時に未定の合計5つのタイプを取り上げて、質的研究から導き出されたKJ法の最終的な島の表札を吟味した。その結果、福祉系高校のミクロレベルのレリバンスは、表6-1の通り14の下位概念に統合された。そのうち、「福祉職の選択」、「福祉への変更」、「専門性の獲得」、「専門性の上昇志向」、「職務基礎能力」という下位概念は、「職業的レリバンス」として統合され、「人間的成長」、「将来的有用性」、「進路決断」、「学習意欲喚起」、「福祉教育の評価」、「社会への要望」という下位概念は、「教育的レリバンス」として統合された。一方、「現場との乖離」、「福祉は無理」、「学業未達成」という下位概念は、「負のレリバンス」として統合された。

第2節　ミクロレベルにおける量的研究と質的研究の整合性

第1項　ミクロレベルにおける量的・質的研究の突き合わせ

　ミクロレベルとしての福祉系高校の量的・質的レリバンスに関して、生徒の進路選択プロセス（入学と卒業）および未定に着目して、第5章の量的研究と第6章の質的研究を総合的に突き合わせて以下のとおり、整合性を検討した。

(1)「福祉から福祉」の量的・質的研究の突き合わせ

　「福祉から福祉」に関する前述の量的研究と質的研究の知見を突き合わせた

結果は以下のとおりである。第1に, 量的研究では「進路に役立つ」,「福祉で働く」,「感動体験」,「理念を確認」などの能動的な実習を示す割合が高くなっているが, このことを質的研究からみると「学びを通して進路や夢への思いを強め実現できた」ことや「実習が福祉進路の確かな選択を促す」として表現されている。第2に, 量的研究で示された「厳しい現場」への認識や, 実習で「反省した」経験が高い割合を示しているが, 質的研究では「困難な現場が自己を鍛えた」という表現に集約されている。第3に, 量的研究の「勉強ができた」,「全体に良かった」との肯定的評価が高い割合を示すことは, 質的研究では「専門教育に誇りと自信」を持ったとすることに示されている。

(2)「一般から福祉」の量的・質的研究の突き合わせ

「一般から福祉」に関する量的研究と質的研究の知見を突き合わせた結果は以下のとおりである。第1に, 量的研究で「感動体験」が3年で増加しているが, このことを質的研究からみると「実習で心が揺さぶられ」たとして表現されている。第2に, 量的研究で示された「厳しい現場」への認識や実習で「反省した」経験が高い割合を示しているが, 質的研究では「苦労のなかで普通科にはない特別な学び」や「福祉の現場と意義をリアルに体感」したという表現に集約されている。第3に, 量的研究の「勉強ができた」との肯定的評価が高い割合を示すことは, 質的研究では「専門性に関心が高まり福祉進学した」ことに示されている。

(3)「福祉から一般」の量的・質的研究の突き合わせ

「福祉から一般」に関する前述の量的研究と質的研究の知見を突き合わせた結果は以下のとおりである。第1に, 量的研究では「進路に役立つ」が85％以上の高い評価を行っているが, このことを質的研究からみると「福祉を人生に役立てたい」として表現されている。第2に, 量的研究で示された「全体によかった」が福祉系進路に次いで高い割合を示しているが, 質的研究では「福

祉系高校ならではのさまざまな学びが誇りだ」という表現に集約されている。第3に，量的研究の「福祉は無理」との否定的評価が高い割合を示すことは，質的研究では「理想と異なる現場にショックを受け」，「自己の適性や限界から無理と見極め」たとすることに示されている。

(4) 「一般から一般」の量的・質的研究の突き合わせ

「一般から一般」に関する量的研究と質的研究の知見を突き合わせた結果，第1に，量的研究では「将来に役立つ」という能動的な実習を示す割合が高くなっているが，このことを質的研究からみると「福祉の学びは将来役に立つ」，「福祉の学びで進路を見極めた」として表現されている。第2に，量的研究で示された「全体に良かった」との認識が高い割合を示しているが，質的研究では「福祉系高校の学びは充実して」いたという表現に集約されている。

(5) 「未定」の量的・質的研究の突き合わせ

「未定」に関する前述の量的研究と質的研究の知見を突き合わせた結果は以下のとおりである。第1に，量的研究では「入学を後悔」や「進路に役立たず」などの反省的な実習を示す割合が高いが，このことを質的研究からみると「しっかり取り組めば良かった」として表現されている。第2に，量的研究で示された「福祉は無理」との認識が高い割合を示しているが，質的研究では「福祉職は無理だと痛感」したという表現に集約されている。第3に，量的研究の「勉強ができた」が8割を超えて肯定的評価が高い割合を示すことは，質的研究では「福祉を学んで成長できて良かった」とすることに示されている。第4に，量的研究の「将来に役立つ」も8割を超えていることは，質的研究からみると「学びを将来に生かしたい」として表現されている。

第3節 研究の結論

以上の量的及び質的研究を，研究の最初に立てた福祉系高校のレリバンスに関する検証命題に照らして考察する。

1. マクロレベルにおいては，生徒の6割以上が卒業時に2つのタイプ（福祉就職＋福祉進学）を選択しており，福祉系高校の創設時に国が企図した福祉専門職の養成に関する成果が示された。また，この割合は国の調査と一致することでデータの裏づけを得た。
2. メゾレベルのレリバンスは，資格取得に関する高校のタイプによって異なっていた。資格校では資格取得を目指して能動的で反省的な実習を行い，福祉就職する者の割合が高く，教養校では福祉の勉強を入学動機に広く福祉を学び，福祉進学する者の割合が高い結果が示された。従って，高校タイプに合わせた教育課程の編成が重要である。
3. 教員は福祉教育成果の意義を評価して普通教育への拡大が必要だとする反面，生徒の支援に苦慮する現状もみられ，福祉教育を原点から問い直す時期に来ている。
4. ミクロレベルのレリバンスは，生徒の8割以上が福祉に対する明確な入学動機を持ち，実習を含む学びを通して目的を達成し，9割以上が肯定的な評価をしている。
5. ミクロレベルのレリバンスは，「職業的レリバンス」，「教育的レリバンス」，「負のレリバンス」から構築され，入学動機や実習経験，進路選択タイプなどによって複雑で多様な要素が見出された。
6. 以上のことから，マクロ，メゾ，ミクロの各レベルにおいて多元的なレリバンスが認められるとともに，各レベルにおいて取り組むべき課題も明らかにされた。

第4節 福祉系高校への提言

第1項 福祉系高校の展望

　福祉系高校は創設時から福祉専門職養成を期待されてきた（矢幅 2000）。しかしそれは福祉社会創造という大きな社会的課題のなかでこそ達成される使命である。原田（2009）は，福祉教育を進めることは平和を語り幸せな社会を創り上げていくことであると提起している。天野（2005）は，「老人を一段と劣った存在として位置づけるのでも持ち上げるのでもなく」，固有の形で生きることを可能にするための社会の支援の重要性を指摘する。実習を通して高齢者の個別性や「老い」「死」を学ぶ意味はここにもある。そこでは人間の尊厳や社会正義に基づいた福祉教育そのものが問い返される。大橋（2002）は，福祉系高校における福祉教育をソーシャルワークとケアワークが統合化されたものと評価している。「社会福祉士及び介護福祉士法」改正を受けた福祉系高校の新しい学習指導要領の本格実施（2013年4月）が目前のいま，日本はまた，新しい社会的枠組みを模索・創造する転換点に立っている。すべての国民が福祉マインドを持つ社会を構築するために，今後，高校普通教育や中学校教育等にも福祉教育を積極的に導入することが求められている。

　以上のことから，福祉系高校では福祉志向性を持つ生徒に対する福祉教育が福祉現場や卒業生とのネットワークで着実な教育効果を収めている。しかし，福祉系高校入学後にミスマッチやリアリティショック，挫折など困難に直面した生徒のゆらぎを支えるシステムが不十分であり福祉系高校と福祉現場の人材不足と多忙化のなかで適時性や個別性を尊重することが困難な状況にある。福祉系高校教員は生徒の学習意欲や入学動機の実現に向けた教育実践に力を注いでいる。しかし，高齢社会の急激な進展や反福祉的状況の広がりに対応する法律や教育政策の相次ぐ改変など，教育現場ではその対応に追われている現状がある。専門学科としての福祉科教員は他科（普通科など）に比べて極めて多忙であり長時間労働や多様な事務対応など困難な労働環境に置かれている。しかし，

福祉を学び成長する生徒の姿に喜びとやりがいを感じ，地域福祉の担い手として活躍する卒業生の姿に実学としての福祉教育の確かな意義を感じている。福祉教育の原点を問い直した時福祉教育の意義と成果を評価して，小学校から大学までのすべての学校教育に福祉教育を組み込むことや高校教育においても普通科など他科の生徒が福祉を学ぶ機会が得られるなど広く学校教育に拡大する展望が示された。一方で，福祉系高校教員の職務内容に見合った人員の配置や急速に変化する福祉現場に対応する教育内容の質の担保に向けた教員の研究・研修体制の拡充など取り組むべき課題も明らかになった。さらに，高校と福祉現場との研究協議や新たな福祉課題（経済格差に伴う子どもの貧困と児童虐待，災害に伴う福祉活動やボランティア，外国人介護労働者との協働など）を含む福祉教育課題の解決に向けた取り組みが必要である。

第2項 福祉系高校への提言

本研究の結果及び結論から，福祉系高校に対して以下の提言を行う。① 高校入学前理解を丁寧に行う。② 生徒の入学動機に対応したカリキュラムや教育及び支援を提供する。③ 実習施設及び実習機関との連携を緊密に進める。④ リアリティショックやドロップアウトなど生徒のSOSのサインをキャッチしてきめ細やかな対応を行うとともに状況に応じた進路変更や単位の包括的読み替えなど柔軟な対応による生徒の最善の利益を実現させる（国レベルの教育制度の見直しが必要）。⑤ 卒業生が後輩の実習指導や進路選択時の国家試験への協力や進路指導へのアドバイスなど，身近な職業モデルとして母校で活躍できる場を創る。⑥ 卒業生と高校生及び教員の地元ネットワークの活用やOJTなど卒業後の研修や学び直しキャリアアップなどの機会を提供できる地域センターとしての機能を創出する。

第5節 本研究の意義と限界

　本研究で取り上げた調査のなかでの意義と限界を述べておきたい。福祉系高校3年生への質問紙調査は，福祉系高校生を対象とした初めての全国調査であり，悉皆調査である。従って，これまで，言説としていわれてきた「福祉への強い志を持った福祉系高校生」「実習現場で真摯に努力する態度」「困難な福祉現場への積極的な進路選択」などが実証的なデータによって検討されたことは，本研究の独自性であり，研究的意義がある。しかし，調査回数が2007年の一回であるために，その年度の生徒の実態をもって，すべての福祉系高校生のキャリア形成と実現に対して普遍化させることには無理がある。特に，3年生最後の卒業時の調査であるために，過去の苦労や困難をリアルに反映しているかどうか，教室で恩師を前に回答することによる影響，また，自己の進路選択に対する満足度や福祉系高校での学びに対する評価に関して，直ちにすべてを事実として受け入れることには慎重になるべきである。この点は，本研究の限界であり，今後の研究課題である。また，福祉系高校教員への面接調査は，福祉系高校教員を対象とした初めての全国規模の調査であり，福祉系高校の教育に関する実証的で質的なデータを得ることができたことは，オリジナリティがあるといえよう。しかし，調査対象の選定は，必ずしも全国の福祉系高校教員のすべての意見を網羅したとは断定できない。この点に関しては，KJ法という優れた質的研究手法を用いることによって，少数の意見，たとえひとりの声であっても疎かにしない方法で，あらゆる可能性をくみ取り，統合したが，今後，さらに調査を継続する必要がある。

第6節 今後の研究課題

第1項 継続的な調査

　第4章5章6章で論じた福祉系高校生調査（2007），及，第3章の福祉系高

校教員調査(2010)を継続的に実施し，生徒の入学動機や実習経験，進路選択を軸としたキャリアの形成と実現に関する継続的研究を行う。また，本研究では高校3年生を対象としたが今後は高校1年，2年，3年を経年的にパネル調査することでより正確なデータの検討を行いたい。これらの継続的な調査研究においては，本研究で明らかになった福祉系高校の「職業的及び教育的レリバンス」とともに，「負のレリバンス」に関する研究を行うことが重要であると考える。

第2項 卒業生への調査

先行研究において卒業生に対する若干の調査・研究は行われているが入学動機と実習及び在学中の進路選択の推移，卒業後のキャリア形成を連関させて調査した研究は行われて来なかった。「学校から職業」への接続や「高大接続教育」などの視点からも，このような継続調査は研究的意義があり今後の研究課題である。

注）
1) 調査対象とした福祉系高校教員は，全国福祉高等学校長会役員や資格校と教養校の両方を経験した者，教育委員会指導主事経験のある福祉科主任等，北海道から沖縄まで各ブロックから指導的立場にある教員を中心に選定した。協力を得られた23名を全国5会場においてグループインタビューとして実施し，了解を得て録音した16名分の逐語録をもとにラベルを作成した。
2) 入学時に福祉系分野を希望して卒業時も福祉系分野を選択した者を「福祉から福祉」，以下同様に「福祉から一般」「一般から福祉」「一般から一般」の4タイプに区分して検討した。
3) 本書では，卒業時に福祉系分野への就職を選択した者を「福祉就職」，以下同様に，「福祉進学」「一般就職」「一般進学」「未定」の5タイプに区分して検討した。

参 考 文 献

Bosch, O. and Ham, P. van eds. (2007) *Global Non-Proliferation and Counter-Terrorism: The impact of UNSCR 1540*, Brookings Institute Press.
Bruner, J. S. (1971) *The relevance of education*, George Allen & Unwin. (=1972, 平光昭久訳『教育の適切性』明治図書)
Crites, J. O. (1973) *Theory & Research Handbook for the Career Maturity Inventory*, Mcgraw-Hill.
Erikson, E. H. (1959) *Identity and the Life Cycle*, International University Press.
Fitzgerald, J. (2006) *Moving up in the New Economy : Career Ladders for U.S. Workers*, Cornell University Press. (=2008, 筒井美紀・阿部真大・居郷至伸訳『キャリアラダーとは何か―アメリカにおける地域と企業の戦略転換―』勁草書房)
Schein, H. E. (1978) *Career Dynamics : Matching Individual and Organizational Needs*, Addison-Wesley Publishing Company.
Super, D. E. (1957) *The Psychology of Careers : An Introduction to Vocational Development*, Harper & Brothers. (=1960, 日本職業指導学会訳『職業生活の心理学―職業経歴と職業的発達』誠信書房)
Taylor, K. M., and Betz, N. E. (1983) 'Applications of self-efficacy theory to the understanding and treatment of career indecision', *Journal of Vocational Behavior*, 22, 63-81.

天野正子 (2005)「老いの変容」佐口和郎・中川清編『福祉社会の歴史 伝統と変容』ミネルヴァ書房, 233-257.
ブルデュー, P. 著, 加藤晴久ほか訳 (2007)『実践理性』藤原書店.
福山重一 (1953)「学としての職業指導」『日本教育学会大会発表要項』12, 93.
萩原明子・名川 勝 (2008)「福祉科高校生の高齢者イメージに与える社会福祉現場の効果」『社会福祉学』49 (1), 98-110.
原 清治 (2009)『若年就労問題と学力の比較教育社会学』ミネルヴァ書房.
原田正樹 (2009)『共に生きること 共に学びあうこと―福祉教育が大切にしてきたメッセージ―』大学図書出版.
樋田大二郎・耳塚寛明・大多和直樹・ほか (2007)「工業高校の現代的役割とレリバンスに関する研究:即戦力ではなく, ものづくりへの情熱を育てる視点から」『日本教育社会学会大会発表要旨集録』59, 297-302.
広井良典 (2008)『「環境と福祉」の統合 持続可能な福祉社会の実現に向けて』有斐閣.
広井良典 (2006)『持続可能な福祉社会―「もうひとつの日本」の構想』筑摩書房.

平野和弘（2008）「高校福祉科卒業生の卒業後の歩み」田村真広・保正友子編著『高校福祉科卒業生のライフコース―持続する福祉マインドとキャリア発達』ミネルヴァ書房, 71-101.
本田（沖津）由紀（2000）「教育内容の『レリバンス』問題と教育評価」長尾彰夫・浜田寿美男編『教育評価を考える』ミネルヴァ書房, 153-85.
本田由紀（2003）「『学習レリバンス』の構造・背景・帰結（第3章 変化・授業タイプ・学習レリバンス）」『学校臨床研究』2 (2), 65-75.
本田由紀編（2003）『社会人大学院修了者の職業キャリアと大学院教育のレリバンス：社会科学系修士課程（MBAを含む）に注目して』東京大学社会科学研究所.
本田由紀（2004）「高校教育・大学教育のレリバンス」『JGSSで見た日本人の意識と行動：日本版 General Social Surveys 研究論文集 3（東京大学社会科学研究所資料第24集）』29-44.
本田由紀（2005）『若者と仕事「学校経由の就職」を超えて』東京大学出版会.
本田由紀研究代表（2006）「特色ある高校学科の教育内容の職業的・社会的レリバンスに関する研究」『平成15年度～平成17年度科学研究費補助金（基盤研究（C））』.
保住芳美（2002）「高校福祉科卒業の介護福祉士の位置」『川崎医療福祉学会誌』12 (2), 209-17.
藤崎宏子（2008）「訪問介護の利用抑制にみる『介護の再家族化』―9年目の介護保険制度―」『社会福祉研究』103, 2-11.
藤田晃之（1997）『キャリア開発教育制度研究序説―戦後日本における中学校教育の分析』教育開発研究所.
古川孝順（2008）『社会福祉研究の新地平』有斐閣.
岩田正美・小林良二・中谷陽明・稲葉昭英編（2006）『社会福祉研究法 現実世界に迫る14レッスン』有斐閣.
苅谷剛彦（1998）「第9章 授業のレリバンスと導入（教養的教育からみた学部教育改革：広島大学の学部教育に関する基礎的研究（4）：Ⅲ部：教養的教育改革の現状と課題）」『RIHE』48, 103-115.
苅谷剛彦（2003a）「問題の設定（第3章 変化・授業タイプ・学習レリバンス）」『学校臨床研究』2 (2), 43-44.
苅谷剛彦（2003b）「1989年から2001年への変化（第3章 変化・授業タイプ・学習レリバンス）」『学校臨床研究』2 (2), 45-53.
片山悠樹（2010）「職業教育と能力アイデンティティの形成：工業高校を事例として」『教育學研究』77 (3), 271-85.
加藤晴久編（2002）『ピエール・ブルデュー（Bourdieu）1930-2002』藤原書店.
川喜田二郎（1967）『発想法―創造性開発のために』中央公論社.
川喜田二郎（1970）『続・発想法―KJ法の展開と応用』中央公論社.

川喜田二郎（1986）『KJ法—混沌をして語らしめる』中央公論社.
小杉礼子編著（2009）『若者の働きかた』ミネルヴァ書房.
小玉　徹（2010）『福祉レジームの変容と都市再生　雇用と住宅の再構築を目指して』ミネルヴァ書房.
耳塚寛明・金子真理子・苅谷剛彦ほか（2002）「学業達成の構造と変容（1）：授業タイプと学習レリバンスに着目して」『日本教育社会学会大会発表要旨集録』54, 4-9.
宮島　喬（1994）『文化的再生産の社会学—ブルデュー（Bourdieu）理論からの展開』藤原書店.
村上尚三朗編著（1994）『福祉教育を考える』勁草書房.
村田真弓・久貝興徳・髙木博史（2009）「沖縄大学における社会福祉実習教育の現状と課題—2007年度実習生アンケート調査より—」『地域研究＝Regional Studies（5）』73-94.
文部科学省（2006）「福祉系高校における介護福祉士の養成について」委員等提出資料 1-2 社会保障審議会福祉部会資料.
中根　真（2006）「福祉教育における学習者の身体性—知識学習から行動への変容過程の解明のために—」『日本福祉教育・ボランティア学習学会年報』11, 170-91.
日本学術会議第18期社会福祉・社会保障研究連絡委員会（2003）「社会福祉・社会保障研究連絡委員会報告『ソーシャルワークが展開できる社会システムづくりへの提案』」添付資料Ⅰ「日本における社会福祉学教育・研究の鳥瞰図」.
日本社会福祉教育学校連盟（2009）「社会福祉系学部・学科，大学院卒業生の進路等調査報告書　2008年3月卒業生対象」.
西尾祐吾・上續宏道（2000）『福祉教育の課題　今日におけるその実践をふまえて』晃洋書房.
西田泰和（1981）「職業選択能力研究　中学校，高等学校生徒の学年進行に伴う職業選択の変更『転移』と維持（深化）に関する縦断的研究」『芦屋大学論叢』7-9.
小方直幸（1997）「大卒者の就職と初期キャリアに関する実証的研究—大学教育の職業的レリバンス—」博士論文シリーズNo.1 広島大学大学教育研究センター.
岡多枝子（2002）「高等学校福祉教育における『総合的な学習』の一実践」大坪省三編著『福祉社会を創る—社会人学生たちの挑戦』学文社, 37-54.
岡多枝子（2004）「『生きる力』輝け—若者たちへのエール」WWR研究会『「ひとり」を支える女性たち』学文社, 49-78.
岡多枝子（2006）「ホームレスと高校福祉教育：体験的学習の事例検討」『日本福祉教育・ボランティア学習学会年報』11, 84-101.
岡多枝子（2007a）「高等学校福祉教育の現状と課題—福祉系高校生への調査—若年労働市場と進路指導，発表要旨」『日本教育学会大会研究発表要項』6, 144-5.
岡多枝子（2007b）「福祉系高校における生徒の入学動機と進路決定—動機の差異に

応じた支援のあり方」『福祉教育・ボランティア学習研究年報』12, 192-208.
岡多枝子（2007c）「高等学校福祉教育における生徒の進路選択―進路希望の『変更と維持』―」『東洋大学大学院紀要』44, 145-68.
岡多枝子（2008）「高校福祉科と介護福祉マンパワー」田村真広・保正友子編著『高校福祉科卒業生のライフコース―持続する福祉マインドとキャリア発達』ミネルヴァ書房, 9-12.
岡多枝子（2010）「高校時代の進路選択から見た高大接続福祉教育」『日本福祉教育・ボランティア学習学会研究紀要』16, 94-103.
大橋謙策（2002）「高校における福祉教育の位置と高校福祉科」『福祉科指導法入門』中央法規出版, 10-36.
大橋謙策（2005）「高校福祉科教員養成における教育課題」『日本社会事業大学社会事業研究所年報』41, 175-84.
阪野　貢（2000）『福祉教育の理論と実践　新たな展開を求めて』相川書房.
佐藤　完（2010）「高校生の視点による介護計画の実践報告」澤田健次郎監修, 村上尚三郎・間哲朗編著『福祉・教育を考える―ささやかな提言』久美出版, 126-41.
柴山茂夫（2003）『キャリア・ガイダンス　進路選択の心理と指導』学術図書出版社.
下山晴彦（1983）「高校生の人格発達状況と進路決定との関連性についての一研究」『教育心理学研究』31 (2), 157-62.
白川一郎（2005）『日本のニート・世界のフリーター　欧米の経験に学ぶ』中央公論新社.
筒井美紀（2008）「訳者まえがき　キャリアラダー戦略とは何か―本書の誤読を避けるために―」フィッツジェラルド, J. 著, 筒井美紀・阿部真大・居郷至伸訳『キャリアラダーとは何か』勁草書房.
武川正吾（2003）「福祉国家と福祉社会の新しい関係を求めて（〈特集〉シンポジウム福祉社会を築く：その担い手と形成）」『福祉社会研究』3, 5-12.
田村真広・保正友子編著（2008）『高校福祉科卒業生のライフコース―持続する福祉マインドとキャリア発達』ミネルヴァ書房.
義本純子・富岡和久（2007）「介護老人福祉施設における職員のバーンアウト傾向とストレス要因の関係について」『北陸学院短期大学紀要』39, 161-73.
矢幅清司（2000）「高等学校福祉科の教員養成のあり方―教科『福祉』と教員免許について」『社会福祉研究』79, 13-20.

あ と が き

　日本の中等教育において創設から比較的新しい福祉系高校に対しては，社会的な認知や評価も十分ではなく，教育システムに関する課題も山積しています。また，先行研究も十分ではなく，福祉系高校やそこで学ぶ生徒にとってのレリバンスに関する知見も十分に明らかにされたとはいえない状況です。福祉教育の学びの中で職業力を獲得し人格を陶冶する生徒と，生徒の学びを支える教員の活動を，客観的なエビデンスとして，福祉教育のレリバンスを論じたいという思いから研究に取り組んで参りました。

　本論文の調査にご協力を頂きました全国福祉高等学校長会理事長高橋福太郎先生をはじめ，全国の福祉系高校教員と生徒の皆様に深く感謝申し上げます。

　本研究は，東洋大学大学院社会学研究科の小林良二教授と，佐藤豊道教授のご指導の下，福祉系高校に対する思いを論文として纏めることができました。

　小林良二先生の，豊富な知識と理論に基づく的確な論文指導を受けることができたおかげで，福祉系高校の「職業的及教育的レリバンス」と「負のレリバンス」を見出すことができ，今後の新たな研究課題も明らかになりました。先生の，研究と教育に対する誠実で厳しい姿勢を，私も実践して参ります。誠にありがとうございました。

　佐藤豊道先生には，入学から今日までゼミでの指導をはじめ大変お世話になりました。先生の社会福祉学に対するご熱意と，誠実で細やかなご指導，温厚で豊かなお人柄に，幾度も励まされて今日まで前進することができました。多くを学ばせていただいたご恩に深く感謝申し上げます。誠にありがとうございました。

　KJ法教育者の川喜田晶子先生には，個人スーパービジョンを中心として，KJ法の研究方法をご指導いただきました。熱意あふれるご指導に対して心から感謝を申し上げます。

今日まで私の研究生活を支えて下さった皆様に，心から感謝の念を捧げます。
　最後になりますが，本研究は，平成23〜26年度文部科学省・日本学術振興会科学研究費補助金（基盤（Ｃ））「持続可能な福祉社会における福祉系高校のレリバンス」研究代表　岡多枝子の給付を受けて実施いたしました。
　本研究の実施にあたってお世話になりました方々に，改めて深く感謝申し上げますとともに，福祉教育の発展を心より祈念申し上げます。
　2014年11月

岡　多枝子

資 料

1　福祉系高校生への質問紙調査票
2　福祉系高校教員へのインタビューガイド

1　福祉系高校生への質問紙調査票

> 福祉系高校での３年間を振り返って　※この調査は，福祉系高校の生徒の皆さんが進路をどのように決めてゆくかをお聞きして，今後の福祉教育の充実に役立てようとするものです。ご回答を強制するものではありません。調査結果は傾向を知るためのもので，個々の調査結果が公表されることは全くありませんので，どうぞありのままを答えて下さい。

1. あなたが福祉科に入学した動機は何ですか（当てはまる番号にすべて○をつける）
   1. 福祉の資格取得のため　　　　　2. 福祉の進路に進むため
   3. 福祉の勉強をしたかったから　　4. 周囲に勧められて
   5. 普通科に行きたくなかったから　6. 何となく　　　　7. その他（理由）

2. 福祉系高校での３年間はどうでしたか（○はそれぞれ１つずつ）
   ① 進路選択に役立たなかった
      （1. 強くそう思う　2. そう思う　3. そうは思わない　4. 全くそうは思わない）
   ② 充実感がなかった
      （1. 強くそう思う　2. そう思う　3. そうは思わない　4. 全くそうは思わない）
   ③ 資格が取れて良かった
      （1. 強くそう思う　2. そう思う　3. そうは思わない　4. 全くそうは思わない）
   ④ 本校に入学して後悔した
      （1. 強くそう思う　2. そう思う　3. そうは思わない　4. 全くそうは思わない）
   ⑤ 福祉の勉強ができた
      （1. 強くそう思う　2. そう思う　3. そうは思わない　4. 全くそうは思わない）
   ⑥ 将来の人生に役立つ
      （1. 強くそう思う　2. そう思う　3. そうは思わない　4. 全くそうは思わない）
   ⑦ 全体として有意義でしたか
      （1. 強くそう思う　2. そう思う　3. そうは思わない　4. 全くそうは思わない）

3. 施設実習についてお答え下さい（○はそれぞれ１つずつ）
   （２年生最初の実習）
   ① 不安でいっぱいだった
      （1. 強くそう思う　2. そう思う　3. そうは思わない　4. 全くそうは思わない）
   ② 感動的な経験をした
      （1. 強くそう思う　2. そう思う　3. そうは思わない　4. 全くそうは思わない）

③ 知識不足を感じた
　　（1. 強くそう思う　2. そう思う　3. そうは思わない　4. 全くそうは思わない）
④ 福祉現場の厳しさを知った
　　（1. 強くそう思う　2. そう思う　3. そうは思わない　4. 全くそうは思わない）
⑤ 職員から学ぶことがあった
　　（1. 強くそう思う　2. そう思う　3. そうは思わない　4. 全くそうは思わない）
⑥ 福祉現場で働きたいと思った
　　（1. 強くそう思う　2. そう思う　3. そうは思わない　4. 全くそうは思わない）
⑦ 反省することが多かった
　　（1. 強くそう思う　2. そう思う　3. そうは思わない　4. 全くそうは思わない）
⑧ 福祉就職は無理だと思った
　　（1. 強くそう思う　2. そう思う　3. そうは思わない　4. 全くそうは思わない）
⑨ 利用者に学ぶことがあった
　　（1. 強くそう思う　2. そう思う　3. そうは思わない　4. 全くそうは思わない）
⑩ 技術の未熟さを感じた
　　（1. 強くそう思う　2. そう思う　3. そうは思わない　4. 全くそうは思わない）
⑪ 福祉の理念を確認できた
　　（1. 強くそう思う　2. そう思う　3. そうは思わない　4. 全くそうは思わない）
⑫ 将来の進路選択に役立った
　　（1. 強くそう思う　2. そう思う　3. そうは思わない　4. 全くそうは思わない）

（3年生最後の実習）
① 不安でいっぱいだった
　　（1. 強くそう思う　2. そう思う　3. そうは思わない　4. 全くそうは思わない）
② 感動的な経験をした
　　（1. 強くそう思う　2. そう思う　3. そうは思わない　4. 全くそうは思わない）
③ 知識不足を感じた
　　（1. 強くそう思う　2. そう思う　3. そうは思わない　4. 全くそうは思わない）
④ 福祉現場の厳しさを知った
　　（1. 強くそう思う　2. そう思う　3. そうは思わない　4. 全くそうは思わない）
⑤ 職員から学ぶことがあった
　　（1. 強くそう思う　2. そう思う　3. そうは思わない　4. 全くそうは思わない）
⑥ 福祉現場で働きたいと思った
　　（1. 強くそう思う　2. そう思う　3. そうは思わない　4. 全くそうは思わない）
⑦ 反省することが多かった
　　（1. 強くそう思う　2. そう思う　3. そうは思わない　4. 全くそうは思わない）

⑧ 福祉就職は無理だと思った
　　　（1. 強くそう思う　　2. そう思う　　3. そうは思わない　　4. 全くそうは思わない）
⑨ 利用者に学ぶことがあった
　　　（1. 強くそう思う　　2. そう思う　　3. そうは思わない　　4. 全くそうは思わない）
⑩ 技術の未熟さを感じた
　　　（1. 強くそう思う　　2. そう思う　　3. そうは思わない　　4. 全くそうは思わない）
⑪ 福祉の理念を確認できた
　　　（1. 強くそう思う　　2. そう思う　　3. そうは思わない　　4. 全くそうは思わない）
⑫ 将来の進路選択に役立った
　　　（1. 強くそう思う　　2. そう思う　　3. そうは思わない　　4. 全くそうは思わない）

4. 進路についてどのように考えていましたか（○はそれぞれ1つずつ）※福祉系進学には看護・医療・保育等を含む
　① 1年入学時　　　　　（1. 福祉系就職　　2. 福祉系進学　　3. 一般就職　　4. 一般進学
　　　　　　　　　　　　　5. その他：未定・家事手伝い等）
　② 2年最初の実習前　　（1. 福祉系就職　　2. 福祉系進学　　3. 一般就職　　4. 一般進学
　　　　　　　　　　　　　5. その他：未定・家事手伝い等）
　③ 2年最初の実習後　　（1. 福祉系就職　　2. 福祉系進学　　3. 一般就職　　4. 一般進学
　　　　　　　　　　　　　5. その他：未定・家事手伝い等）
　④ 3年最後の実習前　　（1. 福祉系就職　　2. 福祉系進学　　3. 一般就職　　4. 一般進学
　　　　　　　　　　　　　5. その他：未定・家事手伝い等）
　⑤ 3年最後の実習後　　（1. 福祉系就職　　2. 福祉系進学　　3. 一般就職　　4. 一般進学
　　　　　　　　　　　　　5. その他：未定・家事手伝い等）
　⑥ 卒業時　　　　　　　（1. 福祉系就職　　2. 福祉系進学　　3. 一般就職　　4. 一般進学
　　　　　　　　　　　　　5. その他：未定・家事手伝い等）

5. あなたが選んだ進路について，どの程度満足していますか（○は1つ）
　（1. 非常に満足　　2. やや満足　　3. どちらともいえない　　4. あまり満足していない
　　5. 全く満足していない）

6. あなたが自分の仕事を選ぶ時，次の条件はどのくらい重要だと思いますか。（就職が決まっている人は将来も含めて）
　① 生活を楽しむ
　　　（1. とても重要　　2. やや重要　　3. あまり重要でない　　4. 全く重要でない）
　② 失業の恐れがない
　　　（1. とても重要　　2. やや重要　　3. あまり重要でない　　4. 全く重要でない）

③ 高い収入が得られる
　　　(1. とても重要　　2. やや重要　　3. あまり重要でない　　4. 全く重要でない)
④ 責任者として指揮がとれる
　　　(1. とても重要　　2. やや重要　　3. あまり重要でない　　4. 全く重要でない)
⑤ 独立して自分で自由にできる
　　　(1. とても重要　　2. やや重要　　3. あまり重要でない　　4. 全く重要でない)
⑥ 専門知識や技能がいかせる
　　　(1. とても重要　　2. やや重要　　3. あまり重要でない　　4. 全く重要でない)
⑦ 人の役に立つ
　　　(1. とても重要　　2. やや重要　　3. あまり重要でない　　4. 全く重要でない)

7. あなたは次のようなことが得意ですか，苦手ですか。(○はそれぞれ1つずつ)
　　① 人との付き合い方　　(1. 得意　　2. ふつう　　3. 苦手)
　　② スポーツ　　　　　　(1. 得意　　2. ふつう　　3. 苦手)
　　③ まじめに取り組むこと (1. 得意　　2. ふつう　　3. 苦手)
　　④ 音楽や美術など　　　(1. 得意　　2. ふつう　　3. 苦手)
　　⑤ 手や体を使った仕事　(1. 得意　　2. ふつう　　3. 苦手)

8. 福祉系高校における実習体験と進路選択との関係について，あなたのお考えを自由にお書き下さい

3年　(　)　男子　　(　)　女子　　　　　※ご協力ありがとうございました。

2 福祉系高校教員へのインタビューガイド

1. 勤務先(高校の資格取得タイプ),職位(学科主任等),担当科目を教えてください。
2. これまでの職務歴と保有されている教員免許や福祉関係の資格を教えてください。
3. 福祉系高校生の特性についてお話しください。
   (1) 入学時の目的意識や入学動機の傾向はどのような生徒が多いですか。
   (2) 入学前後の生徒やクラスの状況で特徴的なことはどのようなことですか。
   (3) 家庭環境や入学前のボランティア体験などの様子はいかがですか。
4. 授業についてお話しください。
   (1) 福祉科目の授業内容について生徒の学習態度はいかがですか。
   (2) クラスや学年による差異はみられますか。
   (3) 工夫されていることやご苦労があればお話しください。
5. 実習についてお話しください。
   (1) 何年生でどのような実習を行っていますか。
   (2) 事前指導や事後指導でのポイントはどのようなことですか。
   (3) 巡回指導に関してご苦労や印象に残っていることがあればお話しください。
6. 実習施設や機関との関係についてお話しください。
   (1) 実習先確保や事前調整などでのご苦労があればお話しください。
   (2) 生徒の実習配属に当たって配慮されていることがあればお話しください。
   (3) 実習先との連携で留意しておられることなどがあればお話しください。
   (4) 卒業生が就職している施設などは他と異なる点がありますか。
7. 進路選択についてお話しください。
   (1) 生徒の進路選択の推移について(入学時から卒業時まで)お聞かせください。
   (2) 進路選択が一貫しているのはどのような生徒ですか。
   (3) 入学時に考えていた進路を変更するきっかけについてお話しください。
   (4) 入学動機や実習経験は進路選択にどのように影響すると思われますか。
8. 福祉系高校の現状と課題,展望についてご意見をお聞かせください。
9. マクロ,メゾ,ミクロレベルのレリバンスは一定達成されていると思われますか。
10. その他,福祉系高校に関して感じておられることをご自由にお話しください。

索　引

あ　行

アセスメント　28
イエス／テンデンシー　50
生きる力　25
一般就職　99, 167
一般進学　167
一匹狼　37
医療的ケア　115
インタビューガイド　36
SPSS　51

か　行

介護福祉国家試験　28
介護福祉士　1, 2
介護福祉士国家資格合格率　31
介護福祉士国家試験受験科目　64
介護福祉士養成ルート　4
学業未達成　158
格差　118
学習　28
学習意欲喚起　158
学習指導要領　26, 27
学習成果　128
学力低下問題　26
学科主任　30
関係線　37
感動体験　48
感動的体験　64
基礎力　128
キャリア　17
キャリアアップ　172
キャリア教育　18, 23
キャリア形成　19
キャリア成熟　40

キャリアラダー　19
教育課程審議会　27
教育的レリバンス　158
教科としての福祉　28
教科「福祉」　27
教養校　52
記録　28
グループ編成　37
グループワーク　28
継続就労　31
KJ法（狭義の）　37, 113
KJラベル　37
現実直面・反省　90, 105
現場　115
現場実習　31
合格率　29
厚生労働省　64
肯定的評価　97, 99
国民的教養　65
個人的レリバンス　20
国家試験対策　30
コーディネート　33
個別性　171

さ　行

資格校　52
資格取得　40
資格取得タイプ　60
自己肯定感　39
自己洞察　40
自己変革　40
施設ケア　117
施設実習　28
悉皆調査　173
実学の強さ　39

実習施設への巡回　64
実習不安　48, 53, 74
実習報告会　64
質的調査　113
島　37
社会的意義　65
社会的レリバンス　20
社会福祉学教育　1
社会福祉基礎　28, 65
社会福祉士　1
社会福祉士及び介護福祉士法　28
社会福祉実習　28
社会保障審議会　29
自由記述欄　50
集合調査　50
集団面接調査　36
逡巡　156
消極的タイプ　90
常勤　40
将来的有用性　158
職業教育　4, 5
職業指導　23, 24
職業選択　16
職業体験　35, 48
職業適性　30, 31
職業的発達　16
職業的レリバンス　20, 158
職業力　43
職務基礎能力　158
叙述化　37
ショック　125
事例検討　28
人格形成　40
新学力観　26
身体性　16
シンボルマーク　37
進路　4
進路決断　118, 158
進路指導　23, 24

進路選択　47, 98
進路選択希望推移　48
進路選択支援　30
進路選択プロセス　96
進路選択満足度　49
進路変更　172
進路満足　100
図解化　37
スーパービジョン　33
性差　102
政策的レリバンス　32
生徒のゆらぎ
全国調査　47
全国福祉高等学校長会　29, 30, 34
専門学科　26
専門高校　20
専門志向　141, 155
専門職　115
専門的福祉人材養成　30
専門的学び　155
早期離職者　30
総合学科　26
即戦力　30
卒業後
　——のキャリア　33
　——の進路　30
　——のライフコース　163

た　行

大学入学前単位取得制度　65
多職種協働　32
多段ピックアップ　37
適時性　171
適正　125
デュアルクレジットシステム　65
当事者評価　49
陶冶　43, 118

索引 189

な行

入学動機　33, 47, 48, 52, 70, 83
人間的成長　43, 158
認知症　115

は行

働く
　　──貢献したい　117
　　──意欲・覚悟　155
　　──土台　156
発達特性　163
発達プロセス　33
非正規雇用　40
人手不足　117
評価　28, 79
表札　37
効果　66
福祉科　2
福祉観　65
福祉教育　27
　　──のキーパーソン　33
　　──の評価　158
福祉教育研究普及校　27
福祉系高校　2, 28
　　──の教育内容　14
福祉系高校教員　33
福祉系高校性　28
福祉系高校ルート　2
福祉系進路　30, 31, 99
福祉系大学　40
福祉志向性　33, 57, 82
福祉志向・能動　90, 105
福祉就職　4, 167
　　──は無理　53

福祉職
　　──で頑張る！　155
　　──の選択　158
福祉進学　4, 167
福祉専門職　1
プレテスト　50
偏差値　25, 26
訪問介護員（ホームヘルパー）　5
ホームレス　28
ボランティア活動　27

ま行

マイノリティ　28
マクロレベル　6
満足度　78
ミクロレベル　6
ミスマッチ　30, 41, 129, 156
未定　99, 167
明確タイプ　90
メゾレベル　6, 47
　　──のレリバンス　34
元ラベル　37
文部科学省　29

や行

やりがい　115
夢への思い　117

ら行

リアリティショック　41
理科教育及び産業教育審議会　27, 28
離職予防　30
リスクの受け皿　41
リフレクション　28
レリバンス　5, 19, 158

著者紹介

岡 多枝子(おか たえこ)

高知大学教育学部卒業
東洋大学大学院社会学研究科修了
2013年 東洋大学大学院社会学研究科博士後期課程修了 博士(社会福祉学)
公立小・中学校養護教諭,公立高校福祉科教諭を経て
現　　在　日本福祉大学社会福祉学部准教授(保健福祉教育)

青年期に福祉を学ぶ―福祉系高校の職業的及び教育的レリバンス―

2015年1月10日　第1版第1刷発行

著　者　岡　多枝子

発行者　田中　千津子

発行所　㈱学文社

〒153-0064　東京都目黒区下目黒3-6-1
電話　03(3715)1501 ㈹
FAX　03(3715)2012
http://www.gakubunsha.com

印刷　新灯印刷(株)

© OKA Taeko 2015 Printed in Japan
乱丁・落丁の場合は本社でお取替えします。
定価は売上カード,カバーに表示。

ISBN978-4-7620-2496-2